JORINDE VOIGT

INFINITE RHYTHM

DIRIMART

İçindekiler | Contents

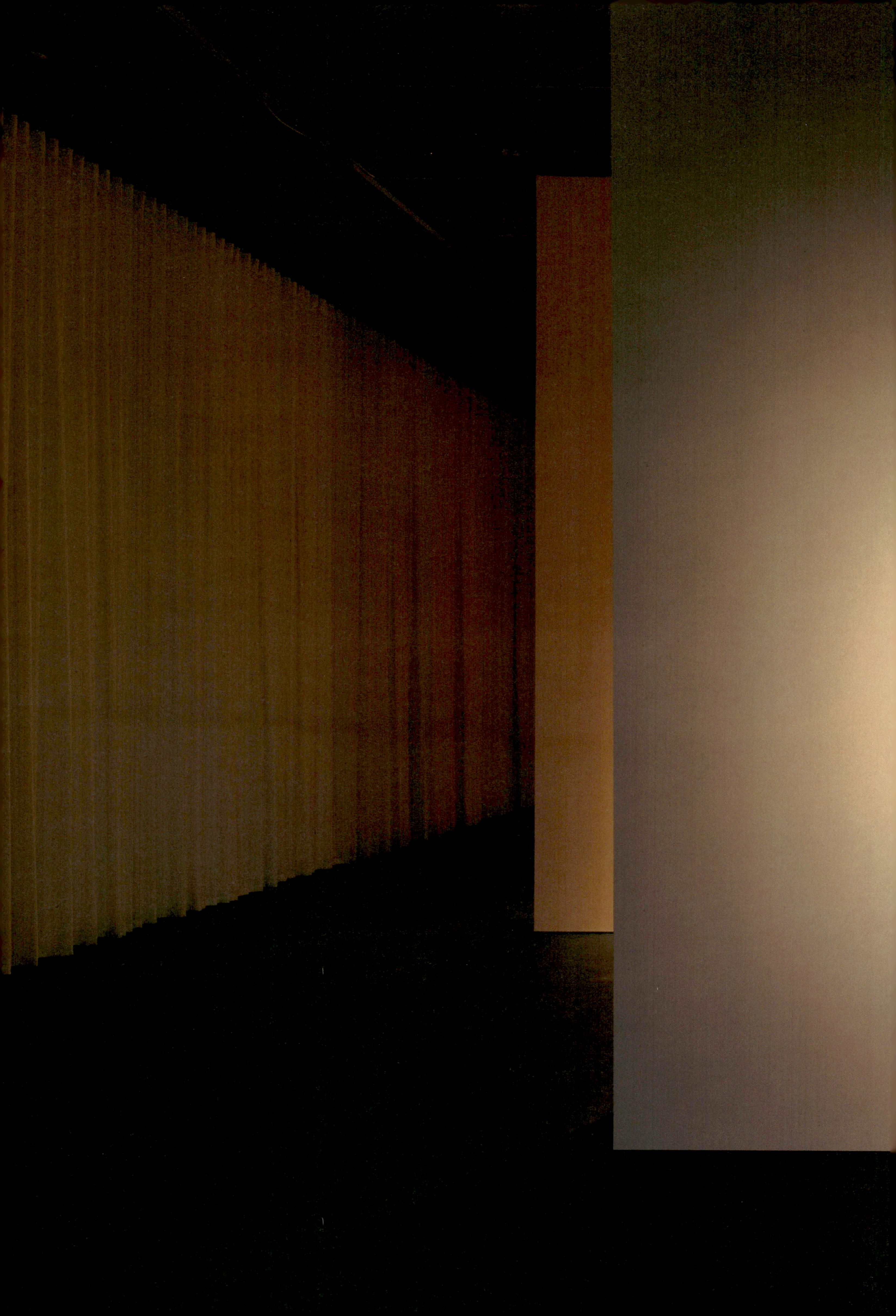

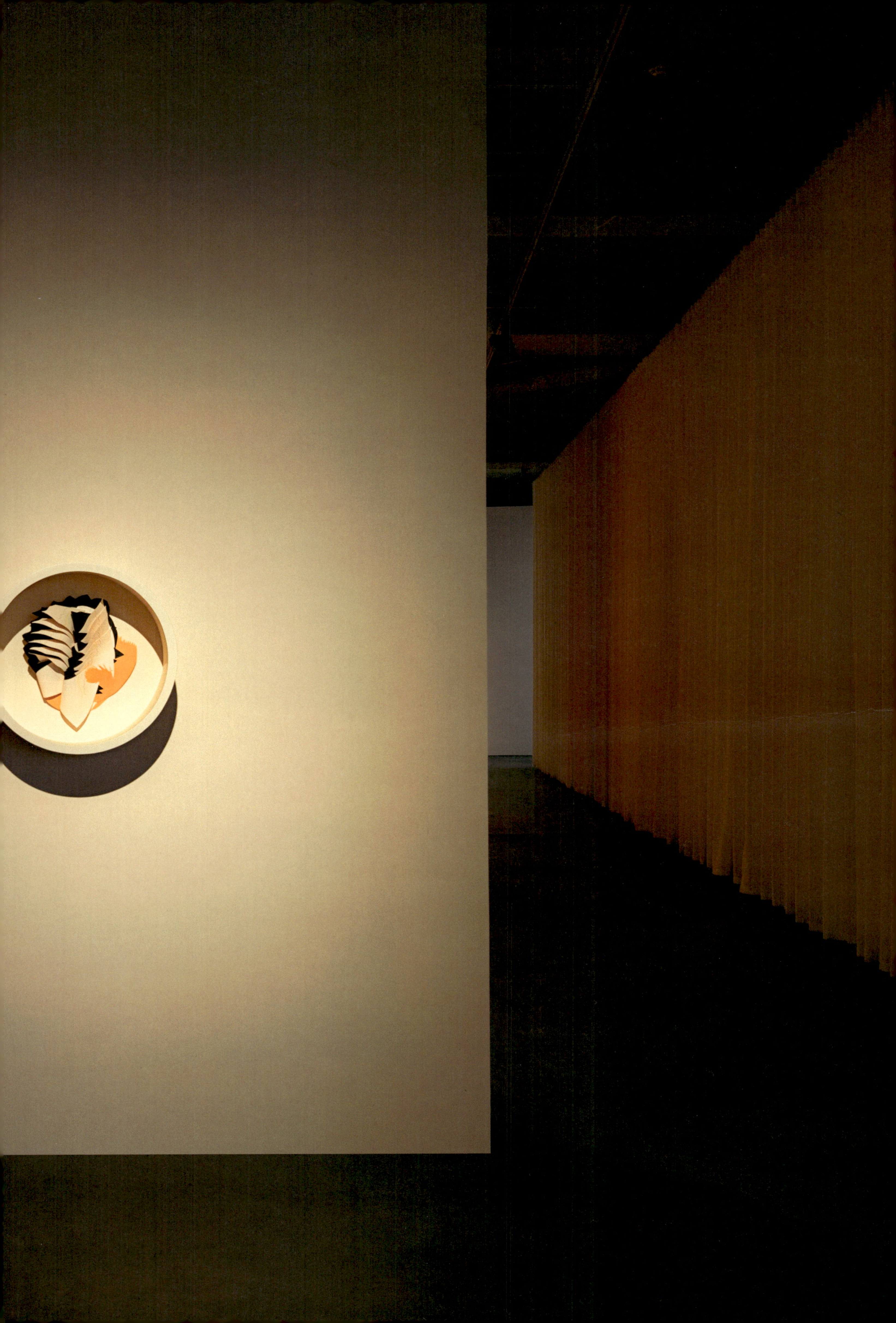

Kapanmadan Kıvrılan Kavis

Jesi Khadivi

YUNANCA "HER TÜRLÜ DÜZENLİ, TEKRAR EDEN HAREKET" ANLAMINA gelen ῥυθμός, *rhythmos*, evrilerek ritim kelimesinin günümüzdeki "güçlü, düzenli tekrar eden bir hareket veya ses örüntüsü" tanımına gelmiştir. Daha geniş anlamında düşünüldüğünde ritim mefhumu her türlü döngüsel yapıya uygulanabilir: atan kalp, gündevir ritimleri, ayın evreleri, mevsimsel döngüler, med-cezirler... Doğada hiçbir ritim tek başına var olamaz. Hep bir karşılıklı ilişkiler ağına dolaşmış vaziyettedirler. Şu an klavyemin başında gözlerimi kapatsam, nefesimin ritmi, dışarıda kalabalık caddede akan trafiğin, gündelik rutinlerin ritimleriyle karıştığını hissederim. Penceremi açsam hemen önünde duran, başka bir mevsimde yemyeşil coşkulu yapraklarla kaplı olan ağacın üzerindeki kalabalık kuru yaprak kümelerini görürdüm; küresel ısınmayla oluşan keskin sıcaklık değişimleri yüzünden vaktinden evvel kırışmış o yaprakları. İnsan tüketiminin, yayılmacılığının, yıkımının ritimlerinin bir bitkinin hayatındaki ritimleri şekillendirişi.

"Ritim," diyor Ezra Pound, "ZAMANın içine oyulan bir formdur, belirlenmiş bir UZAM olarak tasarım gibi."[1] Şair bu tanımı, yazı ve nazım üzerine muammalı aforizmalarla aydınlatıcı pasajlarının bir derlemesi olan *ABC of Reading*'de verir, öte yandan Jorinde Voigt'un zaman, uzam ve ritim üzerine keşiflerine de uygulanabilir pekâlâ. Sanatçı, yirmi yıla yayılan felsefeyle iç içe sanat pratiğinde algı, hisler ve mevcudiyete yönelik sorularla haşir neşir olmuş, bu arayışında kendisinin dünyaya dair izlenimlerini düzenleyen grafik sistemler yaratmaya çalışmıştır. Belki Voigt en çok, canlı renk patlamalarıyla, hareketli çizgiler, altın ve metal varaklı parıltılı katmanlarla ürettiği büyük boyutlu, yayılımlı, ışıltılı resimleriyle biliniyor; sanatçı bunları "yansıtıcı yüzeyler, görselleştirilen düşünce modelleri, bilimsel deney tasarımları, notasyonlar, notalar, diyagramlar" gibi değişik terimlerle açıklıyor.[2] Biyomorfik ve geometrik formlar içeren veya yoğun kavislerle bir araya gelen çizgiler barındıran bu erken tarihli eserlerinde sık sık, sağda solda minik metin, alıntı kırıntıları, dönüşleri işaret eden küçük oklar ve zamana dair işaretler görürüz, hepsi birleşip genel bir ritim ve akış hissi verir. *Observations in the Now* (2015) gibi eserlerinde kendi duygu durumlarını görselleştirmeye yönelik bir renk tayfı geliştirir; 8 metre uzunluğundaki, dalgalı yumuşak pastel formlardan oluşan *Song of the Earth* (2016) başlıklı eseriyse dünyanın dönüş hızına dair notlarla vurgulanmıştır: aynı eserin müzik notalarına aktarılmış bir çifti vardır ki icracıların özgür yorumlarına bırakılmıştır. Fakat Pound'un ritme dair düşünümleri ve Voigt'un aynı adlı yeni serisinde benim asıl ilgimi çeken, bu terimin müzik ve sese değil, *kesme* mefhumuna dair çağrışımlarıdır. Ritim üzerine, özellikle de edebiyat ve sanatsal pratiklerle ilişkilerine dair yazmak beraberinde keskin metaforlar getirir: yarıklar, kesikler, yırtıklar gibi. Bir kesik her ne kadar bir sona, bir ayrışmaya işaret ediyor gibi görünse de aslında bir başlangıçtır. Bir araya gelmenin, bir şeye tepki vermenin, ima etmenin, kurulumun bir yolu olarak kesik. "İşte buna," diyor Fransız filozof Jean-Luc Nancy, "ritim diyoruz; Yunanca anlamına göre başlangıçta basitçe bir kurulum olan ama sonra sonsuzluğa kaçan değil dönüp kendi içine bükülen ve uzamın bölünmesini, onu açan kesiği, kapanmadan kıvrılan bir kavise dönüştüren şey."[3]

Açılan bir kesik. Zamanın içine oyulan formlar. Kapanmadan kıvrılan kavis. Pound ve Nancy bu kelimelerin varyasyonları üzerine yazarken belirli nesneleri ima etmiyorlardı, hele hele akıllarında o an Jorinde Voigt'un eserleri hiç yoktu, fakat onların hisleri, en azından bana göre, Voigt'un yeni eserlerinin arkasındaki formal ve kavramsal güçleri bir şekilde barındırıyor. Sanatçının erken dönem işleri yatay bir düzleme yayılırken, son dönem işleri, hareketli *Fibonacci Model* serisiyle başlattığı, uzamda resim yapmaya yönelik araştırmalarını daha ileri taşıyor. *Rhythm* serisinde Voigt çizgilerini üç boyutta inşa ediyor: renkli kâğıt ve üzerlerine çizilmiş çizgileri dilimlemek, kesmek, yeniden konumlandırmak ve katmanlar oluşturmak yoluyla yeni kurulumlar yapmak şeklinde özetlenebilecek bir süreç bu. Serideki her işin görsel etkisi bir diğerinden öyle farklı ki. Ve büyük boyutlu diyagramlı işlerine kıyasla o küçük formatlarıyla aktardıkları kırılgan bir mahremiyet hissiyle dolu dolular. Bazıları dokulu ve grafik bir görünüme sahipken bazıları, belli belirsiz manzaraları, açan çiçekleri, kılı kırk yararcasına çizilmiş kurdelaları anıştıran narin şekillere bürünmüşler. Kâğıttan yapılmış olup sayfadan kaçar gibi görünen çizgilerle her bir ritim, sınırlama ve kısıtlamalarla yapılan bir egzersizdir. Voigt bu serideki bir işini üretmeye başlarken yola önceden belirlenmiş, spesifik bir form yaratma amacıyla çıkmaz, onun yerine "ritimleri" birer olasılık alanı olarak işler. Her işe, ahşabın üzerine içgüdüleriyle çizdiği serbest bir şekille başlar, daha sonra ahşap, belirli bir çizimin tepki verdiği görünmez bir alt katmana dönüşür: nihayetinde işe son formunu veren, bu sürecin ta kendisidir. *Pink Rhythm (2)*'de, pembe renk kâğıdın üzerine siyah mürekkeple çizili halkalar oluşturan çizgiler, dalgalar ve kısa eğri çizgiler, katmanlar halindeki kâğıdın üzerinde kaynaşan turuncu pastel parlamalarla vurgulanan bir nevi hız ve türbülans hissi verir. Her ne kadar daire oluşturan çizgilerin bitimindeki küçük oklar net bir şekilde dönüş ve harekete işaret etse de bu formların tekrarları ve katmanlandırılması onlara belli belirsiz gülünç olan bir nitelik verir; kafası karışık birinin tepesinde asılı duran düşünce balonlarına benzerler. Pembemsi, siyah ve turuncu renkli kâğıt katmanları üzerine uygulanan *Rhythm (4)*, dikey olarak momentum kazandıkça giriftleşir. İşin zeminindeki narin dalgalar, demetsi kesikler ve çizgiler yerlerini pembe taraksı kıvrımlarla üst üste binen siyah halkalara bırakır. Parlak turuncu kâğıdın ince dokusu bu şekillerin arkasında akar, kıvrımlarından kıvılcım veya alev gibi görünür. *Rhythm (2)*'de pembemsi tonlarda *torus* formları vardır; içerisiyle dışarısı arasında net bir sınırın olmadığı donut şeklinde bir form. Fransız psikanalist Jacques Lacan'a göre bu formun topolojisi, bilinçaltının nasıl salt bir içsel psişe sistemi olmayıp tabiatı gereği öznelerarası olduğuna bir örnek teşkil eder. İlk bakışta, özellikle tek renkli oluşu ve ekstra işaret ve malzemelerin olmayışıyla görece basit görünen bir kompozisyona sahip olan iş, daha uzun bir bakışla karmaşıklaşır. Her donut şekli sanki kendinde birçok başkasını barındırır, fakat geçişlerin ve kesişimlerin tam sayısını çıplak gözle ayırt etmek mümkün değildir; sanki takip eden form algılanamaz bir gücün etkisiyle çiçek açmaktadır. Görünenle gizli olan arasındaki bu gerilim, bu kapanmadan kıvrılan kavis, serinin uzam yaratmaya yönelik ayrıksı yaklaşımının özünde yatar.

Voigt *Rhythm* serisini, bütün ve onu oluşturan parçalar arasındaki bir tür çekim-itim olarak tanımlıyor. Aynı anda var olan birçok ritim bir araya gelerek organik bir birim oluşturuyor. Bu yıkım ve yeniden inşa sürecinde sanatçının karşısına, kullandığı materyallere içkin sınırlamalar, sınırlar ve dirençliliğe dair sorular çıkar. Bir kâğıt, buruşmanın sınırında nereye kadar bükülebilir? Bir uzam, kapanma veya çökmenin sınırında nereye kadar tek bir kompozisyonda ve kaç tür farklı kıvrım ve kapanımın var olmasına izin verir? Yırtılmanın veya buruşmanın sınırında kaç katman üst üste dokunabilir? Materyaller ne kadar basınca ve harekete dayanabilir? Bu soruların kapsamı, şu dünyamızın birbirine kenetli ritimlerine dair daha geniş bir perspektiften düşüneceğimiz şekilde genişletilebilir. Ritim, "zihin-beden düzenini örgütleyen, toplumsal süreçlerin içine nüfuz eden, tabiatı belirleyen" bir vuruştur.[4] Peki, kişisel olsun, toplumsal, siyasal, ekolojik olsun birbiriyle rekabet halindeki ritimleri belirli bir denge durumuna nasıl getirebiliriz? En geniş anlamıyla ritme yönelttiğimiz ilgi bize nasıl bu dengenin aslında durağanlık değil, hareket halindeki edim, benzeşim ve ittifak kutupları arasında sürekli bir müzakere olduğunu söyleyebilir? Böyle bir ritim mefhumu, anlamlı dünyalar inşa edebileceğimiz—empati, öznelerarasılık ve aidiyet duygusunu öğrenmemize yardım edecek—bir araç haline nasıl gelir? Ve resim, bize bu soruların bazıları üzerinde düşünmemize yarayacak bir mecra haline nasıl gelir? Kâğıt üzerine belli bir tempoda ve vuruşlarla birtakım işaretler çizmenin ötesinde bir ritim duygusuna uyumlanmış resim yapma edimi nasıl bir şey olabilir?

Resim yapma ediminde bir tür fanilik vardır. Kimi zaman deneme kabilinden, gelip geçici olabilen bu edimin bir fikri veya ruh halini elle dokunulur, görünür kılma yetisi vardır, dolayısıyla görünür olan ve olmayan dünyalar arasındaki sınırları geçmemize olanak tanıyabilir. Sabit olmayan, liminal bir uzam. Her dem bir oluşun eşiğinde. Jean-Luc Nancy resim yapma edimini "formun açılışı" olarak tanımlar.[5] Bu açılışı bir başlangıç, bir yola çıkış, bir köken anlamında, fakat aynı zamanda "bir mümkünlük veya içsel bir kapasite" olarak ele alır.[6] Nancy, başlangıçlar bahsinde, resme hazırlık kabilinden yapılan eskizden ziyade elin performatif jestlerinden söz eder. Hareketlerin nasıl bilekten kola, nihayetinde bütün bedene aktığından ve bu edimlerin barındırdığı olasılıklardan. Sadece arkalarında bıraktıkları işaretler ve izlerden değil açtıkları kavramsal ve duyusal uzamdan dem vurur. Resim yapmak üzerine tahlili, radikal çoklukla dopdolu daha geniş bir felsefi yaklaşımın tipik örneğini teşkil eder. En meşhur eseri *Being Singular Plural*'da Nancy, oluşun her zaman birlikte-oluşun bir formu olduğu fikrini öne sürer. Yonathan Listik Nancy'i yorumlarken, "Buradaki 'birlikte' ifadesi, oluşa içsel bir şeydir, çünkü dünya her şeyin birlikteliğidir, dolayısıyla oluşun tek başına vuku bulduğu tarafsız bir yer yoktur," der.[7] Nancy, dünyayı, kendileriyle ve diğerleriyle sürekli temas halinde olan oluş ve şey kümelerinden ibaret bir yer olarak tasavvur eder, başka bir deyişle "hissetmek" ve "dokunmak" filozofun "birlikte-oluş" kavramının temelidir. Dokunmayı diğer duyulardan ayıran şeyse tek bir organa bağlı olmayışıdır. Dokunuş doğası gereği çoğuldur, çoklu-duyularla ilgilidir. Bu duyu, bu dokunuşla gelen his mefhumu Nancy'nin resim yapmayı formun açılışı, doğuruluşu olarak görme fikrinde kilit önem taşır. *The Pleasure of Drawing*'te "Terimin tam anlamıyla duyu büyük kuvvetle öyle bir açılır ki bütün ilişkiler, ayrımlar da onunla birlikte açılır. Bu, dünyada var olma güdüsüdür, itkisidir ve bütün duyular, duygular, hassasiyetler, duygulanımlar bu güdünün ve itkinin resimleridir; ve daha incelmiş, yoğunlaşmış bir şekilde çizilebilmek üzere tekrar ele alınırlar, 'sanat' dediğimiz o sonsuz güce [*puissance*] doğru sürüklenirler."[8] Nancy, Fransız şair Yves Bonnefoy'nın, resim yapmanın kontur belirleme sürecinden ziyade güvencesizliğin keşfine yönelik işlediği düşüncesine atıfta bulunur: Bonnefoy'nın şiire yakıştırdığı bir niteliktir bu. Bu anlamda resim yapmak, sürekli bir sezgi biçimi, "gelecek olana, beklenmedik bir oluşa, bir sürprize açık olmanın bir yolu olarak anlaşılabilir, öncesi olmayan, dolayısıyla provası yapılamayan bir formsallık."[9]

İster büyük boyutlu resimleri gibi görkemli ve cesur, ister *Rhythm* serisindeki işleri gibi mahrem ve paha biçilmez olsun Jorinde Voigt bütün eserlerinde bu güvencesizlik meselesini kurcalıyor—titiz görsel sistemler kurmakla bilinmez olana alan açmak arasında bir denge yakalamak istiyor gibidir. Kendisi bu pratiği bir form bulma süreci, düşünce modelleri yaratmanın bir yolu ve her gün etrafımızda olup biten fenomenleri, atmosferleri ifade etmeye yönelik deneysel düzenlemeler olarak tanımlıyor. Araştırmalarından çıkan formlar—misal, ritim resimlerinin halkalı veya iç içe örülü unsurları—sanatçının, biz insanların etrafımızı saran dünyayla, "onun bağlamıyla her zaman temas halinde" olduğumuz kanaatine işaret ediyor. Geliştirdiği formel dilin yanı sıra malzeme ve sürece yaklaşımı, ben/öteki gibi sahte ikiliklere veya içsellik/dışsallık gibi mefhumlara başkaldırıyor, onun yerine oyunu çok-zamanlı, iç içe geçmiş uzamlar lehine kullanıyor. Bu yaklaşımı gerçekten de Nancy'nin resim yapmaya içsel olan "haz" diye tanımladığı şeyle paralellik gösteriyor. Sadece mevcut formları yeniden üretmek değil haz için resim yapma jesti, "tasarımın kendi niyetine o niyeti aşan bir boyut eklediğinde" gerçekleşiyor: "Fikir, hedef, amaç ne olursa olsun formun kendini kendi oluşumuna açan bir gerilim" vuku bulduğunda.[10] Ben de şu satırları yazdıkça, revize edip kesip yeniden düzenleyerek yeni kurulumlar oluşturdukça, yazmakla resim yapmak arasında daha çok paralellik görüyorum. Yazmanın hazzı ve dehşeti metnin kendini kendi oluşumuna açmasına, nereye gitmek istediğini görmesine olanak tanıyor. Ve Voigt'un *Rhythm*leri gibi her metnin de altkatmanları var. Etkileşime geçilecek bir alanı. Yeşereceği bir yer. Benzer şekilde her cümlenin de buruşana veya bükülene dek deneme, sınama, sınırlarını zorlama süreçleri var. Tam doğru gerilim düzeyini yaratmak. Nasıl ki Voigt'un kompozisyonlarının bazı unsurları çıplak göze görünmüyorsa, yazıda da söylenmeden bırakılanların bir ağırlığı var. Satırların arasındaki boşluk. Ki bu bazen işin en zorlayıcı kısmını oluşturuyor: yanlara bakmaya, bir konu etrafında düşünmeye veya kendini bir okur olarak onun içinde bulmaya davet.

Berlin, 2022 Ağustos

Sonnotlar

1 Ezra Pound, *ABC of Reading* (Londra/Boston: Faber and Faber, 1951), 198.
2 "The Power of Imagination is the Real Medium I Use: Jorinde Voigt in Conversation with Stephanie Damianitsch," *Jorinde Voigt: Now* içinde (Köln: Verlag der Buchhandlung Walther König, 2015).
3 Jean-Luc Nancy, *The Pleasure in Drawing* (New York: Fordham University Press, 2013), 70.
4 Ineta Kivle, "Search for Stability: Rhythm in the Philosophies of Husserl, Deleuze & Guattari," *Rhuthmos*, 8 Eylül 2021: https://rhuthmos.eu/spip.php?article2777 (son erişim tarihi: 25 Ağustos 2022).
5 Nancy, 1.
6 Age, 1.
7 Yonathan Listik, "Jean-Luc Nancy's Notion of Singularity," *Griot: Revista de Filosofia*, cilt.19, sayı 1, 76-95: https://www.redalyc.org/journal/5766/576660980022/html/ (son erişim tarihi: 23 Ağustos 2022)
8 Nancy, 41.
9 Age, 3.
10 Age, 39.

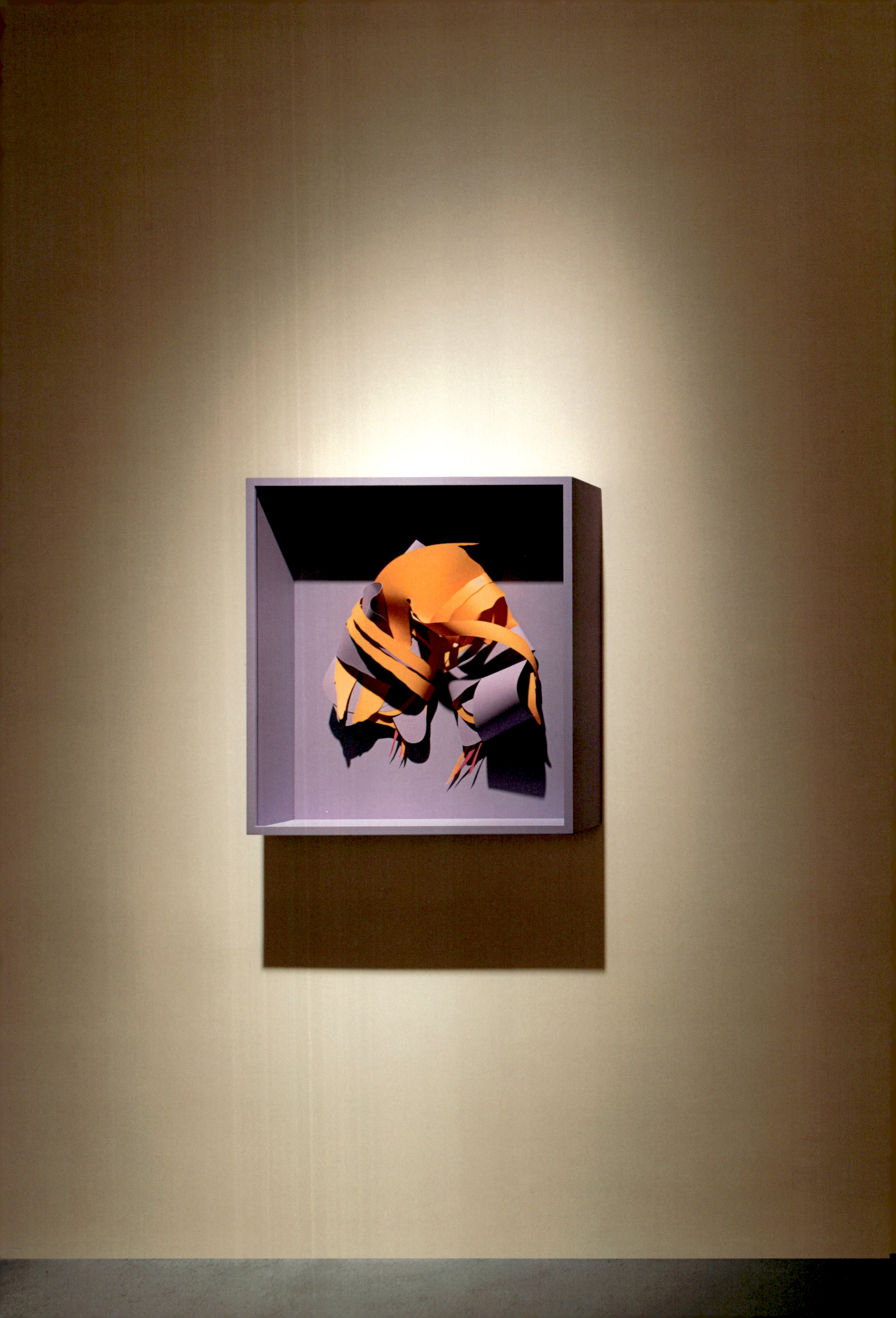

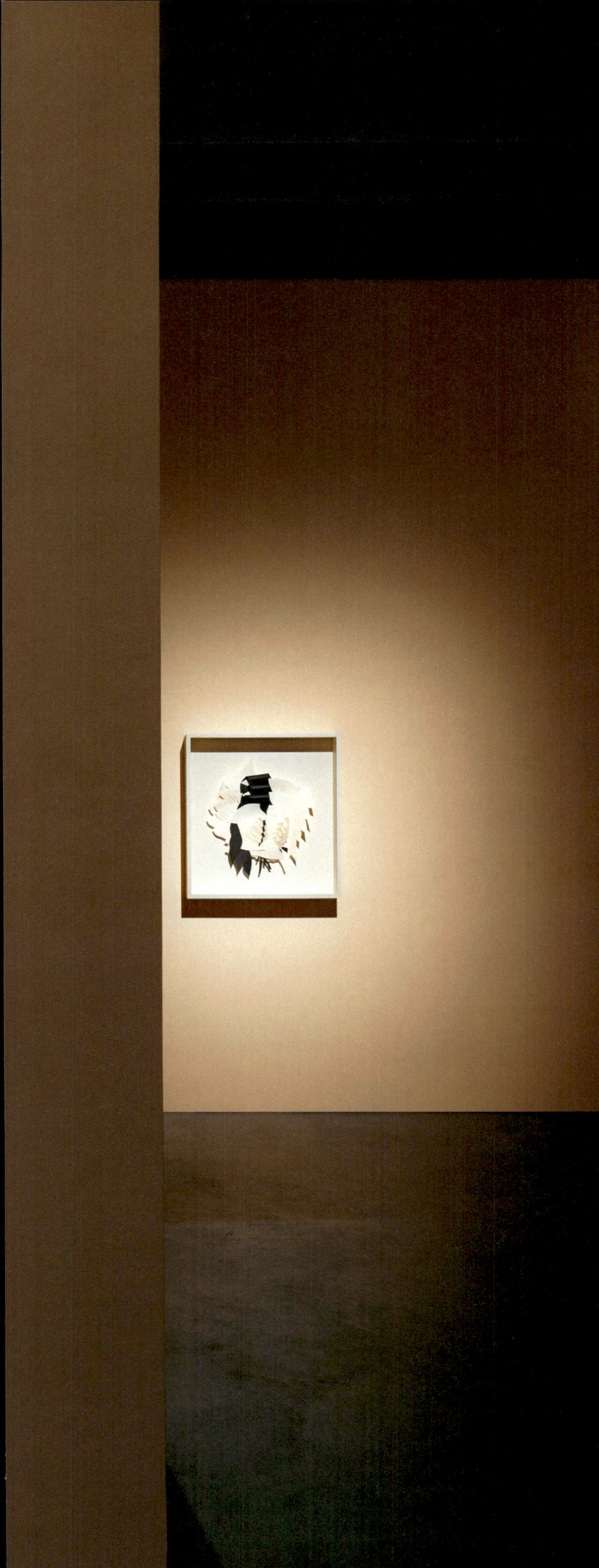

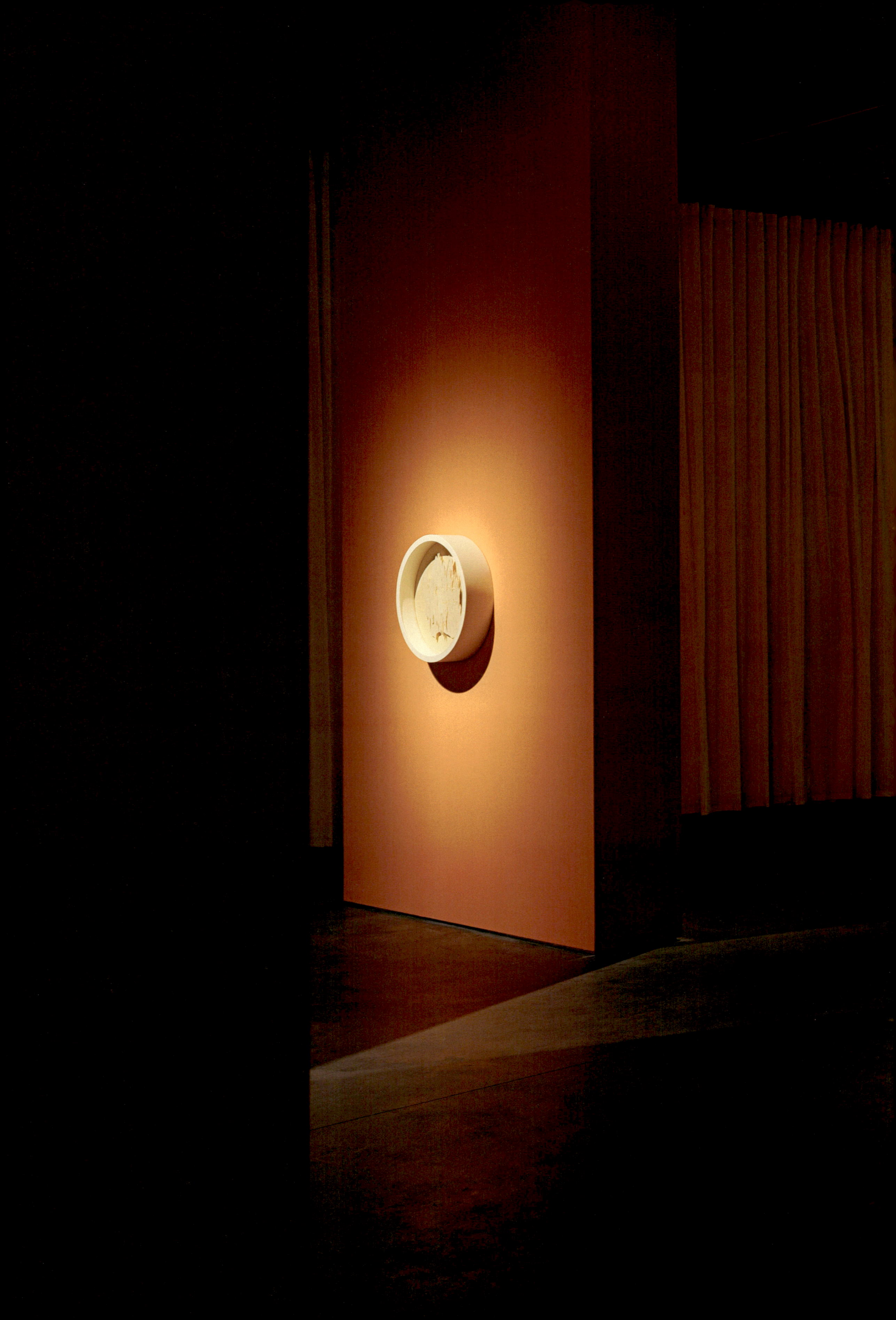

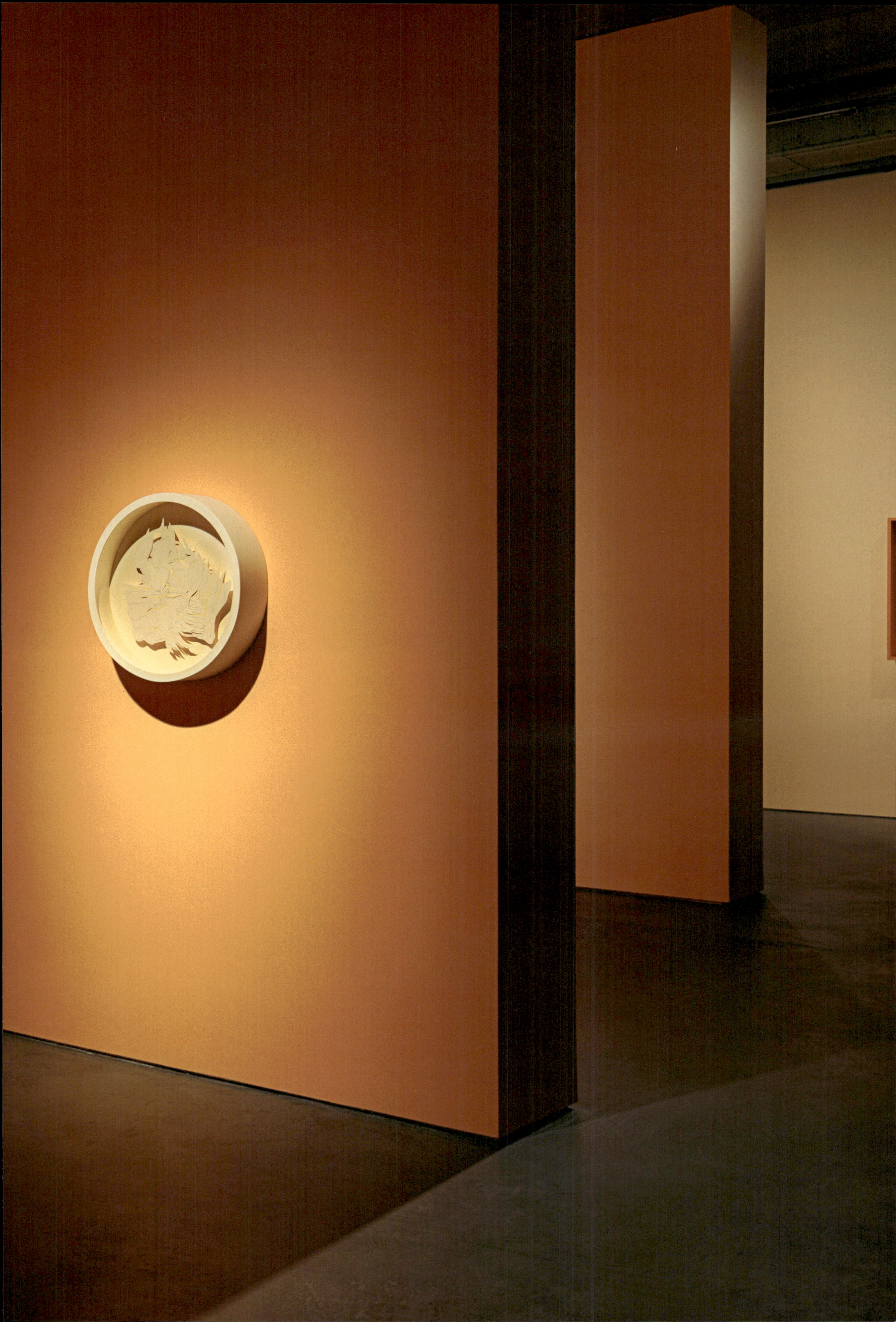

A Curve That Folds Without Closing

Jesi Khadivi

FROM THE GREEK ΡΥΘΜΟΣ, *RHYTHMOS*, WHICH MEANS "ANY REGULAR, recurring motion," the modern definition of rhythm has evolved to denote "a strong, regular repeated pattern of movement or sound." Conceived in a broader sense, the notion of rhythm applies to any cyclical structure: beating hearts, circadian rhythms, phases of the moon, seasonal cycles, or the ebb and flow of tides. In the natural world, no rhythm can exist on its own. They are entangled in a mutual web of interdependencies. If I were to close my eyes here at my keyboard, the rhythm of my own breath would be punctuated by the rhythm of traffic and the daytime routines of a busy street. Opening them would reveal a dense cluster of dead brown leaves on the otherwise abundant and verdant tree outside of my window, its premature shriveling likely due to the drastic fluctuations in temperature brought about by global warming—rhythms of human consumption, expansion, and destruction shaping the rhythms of plant life.

"Rhythm," Ezra Pound writes, "is a form cut into TIME, as a design is determined SPACE."[1] The poet wrote this definition in his *ABC of Reading*, a collection of enigmatic aphorisms and instructive statements on both writing and appreciating prose, yet it could just as easily be applied to Jorinde Voigt's explorations of time, space, and rhythm. For nearly two decades, her philosophically inflected artistic practice has engaged questions of perception, sensation, and presence to articulate graphic systems that sort her impressions of the world. Voigt is perhaps best known for expansive, luminous large-scale drawings rendered in vibrant bursts of colors, explosive line work, and shimmering overlays of gold and metal leaf, which she has alternately described as "projection surfaces, visualized thought models, scientific experimental designs, notations, scores, and diagrams."[2] These earlier works, which tend to feature biomorphic and geometrical forms or densely packed arcing lines, are often annotated with minute bits of text, citations, small arrows indicating rotations, and temporal markers that convey an overall sense of rhythm and flow. Works like *Observations in the Now* (2015) developed a color spectrum to visualize the artist's emotional states, while the 8-meter-long drawing *Song of the Earth* (2016), with its undulating, malleable pastel forms punctuated with notes on the speed of the earth's rotation, also doubled as a musical score that was freely interpreted by performers. Yet what interests me in Pound's reflections on rhythm, and indeed in Voigt's new series by the same name, is not the term's association with music and sound, but the notion of the *cut*. Writing on rhythm, particularly as it pertains to literary and artistic practices, teems with sharp metaphors: clefts, incisions, slits. While a cut might seem to imply an ending, a division, it is in fact a beginning. A means of coming together, of responding, referring, configuring. "This," writes the French philosopher Jean-Luc Nancy, "is called rhythm, which in Greek is initially a configuration—quite simply, the fact of not escaping into infinity but of coming back toward oneself and of turning the division of space, the cut which opens it, into a curve that folds it without closing it."[3]

A cut that opens. Forms cut into time. A curve that folds without closing. When Pound and Nancy wrote variations of these words, they were not referring to specific objects, let alone the work of Jorinde Voigt, yet their sentiments seem, for me at least, to encapsulate the formal and conceptual force of her newest works. While her earlier drawings expand horizontally, Voigt's newest works continues her investigations of drawing in space that she began with her mobile series *Fibonacci Model*. In the *Rhythm* series, Voigt builds her lines in three dimensions: slicing, cutting, repositioning, and layering colored paper and existing drawn lines into new configurations. The visual effect of each work is dramatically different. And by comparison to her larger-scale diagrammatic works they bristle with a fragile intimacy imparted by their smaller format. While some appear textured and graphic, others take on delicate shapes that subtly evoke landscapes, blossoms, or elaborate ribbons. Lines made of paper yet freed from the sheet, each rhythm is an exercise in limitations and restraint. Voigt does not set out to create a specific, pre-determined form when she begins a work in this series, instead her "rhythms" function as fields of possibility. She begins each work by intuitively drawing a free-form shape on wood that then becomes the invisible substrate that a given drawing responds to, a process that ultimately determines the work's final form. In *Pink Rhythm (2)*, looping lines, waves, and squiggles drawn in black ink on pink colored paper impart a feeling of velocity and turbulence accented by flashes of orange crayon that play out over layers of interwoven paper. Although the small arrows at the ends of the circular lines clearly indicate rotation and movement, the repetition and layering of these forms nonetheless gives them a slightly comic quality, like thought bubbles hovering over a turbulent mind. Executed in layers of blush, black, and orange paper, *Rhythm (4)* becomes increasingly intricate as it vertically gathers momentum. Delicate waves, wisplike cuts, and drawn lines at the base of the work give way to pink scalloped folds and overlapping black loops. Slim tendrils of bright orange paper weave through these shapes, dynamically breaching their folds like sparks or flames. *Rhythm (2)* features an accumulation of blush-colored interlocking *torus* forms, a donut shape that lacks a clear boundary between inside and outside. For the French psychoanalyst Jacques Lacan, the topology of this form exemplified how the unconscious is not merely an interior psychic system, but intersubjective by nature. On first glance a relatively simple composition, particularly because of its monotone coloring and lack of additional markings and materials, the work gains complexity the longer you look. Each donut shape seems to contain many others, but the exact number of crossovers and intersections is not visible to the naked eye—as if the ensuing form blooms from an imperceptible force. This tension between what is seen and what is hidden, the curve that folds without closing, is essential to the series' distinct approach to making space.

Voigt describes the *Rhythm* series as a kind of push-and-pull between the whole and its constituent parts. Multiple co-existing rhythms come together to form an organic unit. Through this process of destruction and reconstruction she is confronted with questions about limitations, borders, and resilience that play out through her materials. How much can a paper be bent or twisted before it crumples? How many different kinds of folds and enclosures can co-exist in a single composition before the space closes or collapses? How many layers can be interwoven before they buckle or rip? How much pressure and movement can the materials withstand? Such questions can be expanded in scope to think more broadly about the interlocking rhythms of our world. Rhythm is a pulse that "organizes the order of the mind-body, insinuates social processes, and determines nature."[4] How might we bring competing rhythms—whether on a personal, social, political, or ecological level—into a state of equilibrium? How can an attention to rhythm in its most expanded sense show us that this balance isn't actually stasis, but a constant negotiation between shifting poles of actions, affinities, and alliances? How might this notion of rhythm be a tool to build meaningful worlds—to elicit empathy, intersubjectivity, and a sense of belonging? And how might the medium of drawing be a particularly apt medium to work through some of these questions? What is it about the act of drawing that makes it particularly attuned to rhythm beyond the tempo and pulse of mark making on paper?

Drawing possesses a fleeting quality. At times tentative and provisional, it has the ability to make an idea or a mood tangible and visible—therefore traversing the boundaries between visible and invisible worlds. A liminal and unfixed space, it is always on the verge of becoming. Jean-Luc Nancy describes the act of drawing as the "opening of form."[5] He understands this opening in the sense of a beginning, departure, or origin and also as "an availability or inherent capacity."[6] When speaking of beginnings, Nancy refers less to drawing's association with the preparatory sketch than to the performative gestures of the hand. How movements build from wrist, to arm, to finally involve the entire body— and the possibilities that these actions contain. Not only in terms of the marks and traces that they leave behind, but the conceptual and emotional space that they open. His analysis of drawing is emblematic of a broader philosophical approach steeped in radical multiplicity. In his best-known work, *Being Singular Plural*, he argues that being is always a form of being-with. As scholar Yonathan Listik notes, "The 'with' is an inherent part of being because the world is the togetherness of all things, therefore there is no neutral place where being happens."[7] Nancy envisions the world as constellations of beings and things in constant contact with themselves and with one another, therefore "sensing" and "touching" are essential to his conception of "being-with." What differentiates touch from other senses is that it does not have a single organ. Touch is necessarily plural, multi-sensory. This notion of sensation, of feeling through contact, is crucial to Nancy's consideration of drawing as an opening, or birth, of form. "Sense in the fullest extent of the term," he writes in *The Pleasure of Drawing*, "thrusts open that through which all relations and distinctions are opened. It is the impulse and pulse of being in the world, and all senses, sentiments, sensitivities, and sensualities are delineations of this impulse and pulse—taken up again in order to be more finely and intensely drawn, carried toward an infinite force [*puissance*] across what we call the 'arts.'"[8] Nancy further cites the French poet Yves Bonnefoy's assertion that drawing functions less as a process of defining contours than of discovering precarity—a quality that Bonnefoy likens to poetry. In this sense, drawing can be understood as a form of continual anticipation, "a way of being exposed to what comes, to an unexpected occurrence, or to a surprise that no prior formality will have been able to precede or preform."[9]

In all her works, whether majestic and bold like her large-scale drawings or intimate and jewel-like as with her *Rhythm* works, Jorinde Voigt seems to delve into this precarity—striking a balance between establishing rigorous visual systems and leaving space open for the unknown. She describes this practice as a process of form finding, a means of creating thought models and experimental arrangements to express the atmospheres and phenomena that surround us every day. The forms that emerge from Voigt's investigations—like the torus or the interwoven elements of her rhythm drawings—indicate her conviction that we as humans are "always in context and in contact" with the world surrounding us. The formal language that she develops, as well as her approach to materials and process, resists false binaries like the self and the other or notions of interiority and exteriority in favor of poly-temporal and entangled spaces. Indeed, such an approach aligns with what Nancy describes as the "pleasure" inherent in drawing. Not merely resolved to reproduce existing forms, the gesture that draws for the pleasure of drawing is made "when the design incorporates into its own intention a dimension that exceeds the intention: a tension that allows the form to open itself to its own formation, whatever the idea, aim, or end given."[10] The more that I write, revise, cut, and rearrange these lines into new configurations, the more parallels I see between writing and drawing. The pleasure, and terror, of writing is allowing the text to open itself to its own formation—to see where it wants to go. And like Voight's *Rhythm*s, each text has a substrate. A field to react to. To grow from. There is a similar process of trying, testing, pushing the limits of each sentence until they buckle or bend. Creating just the right level of tension. Just as some elements of Voigt's compositions are invisible to the naked eye, so too, with writing, there is the weight of what is left unsaid. The space between the lines. Which sometimes is the most compelling part: the invitation to look sideways, to think around a topic, or to find yourself, as a reader, within it.

Berlin, August 2022

Endnotes

1 Ezra Pound, *ABC of Reading* (London/Boston: Faber and Faber, 1951), 198.

2 "The Power of Imagination is the Real Medium I Use: Jorinde Voigt in Conversation with Stephanie Damianitsch," in *Jorinde Voigt: Now* (Cologne: Verlag der Buchhandlung Walther König, 2015).

3 Jean-Luc Nancy, *The Pleasure in Drawing* (New York: Fordham University Press, 2013), 70.

4 Ineta Kivle, "Search for Stability: Rhythm in the Philosophies of Husserl, Deleuze & Guattari," *Rhuthmos*, 8 September 2021: https://rhuthmos.eu/spip.php?article2777 (last accessed 25 August 2022).

5 Nancy, 1.

6 *Ibid*, 1.

7 Yonathan Listik, "Jean-Luc Nancy's Notion of Singularity," *Griot: Revista de Filosofia*, vol.19, no.1, 76–95: https://www.redalyc.org/journal/5766/576660980022/html/ (last accessed 23 August 2022).

8 Nancy, 41.

9 *Ibid*, 3.

10 *Ibid*, 39.

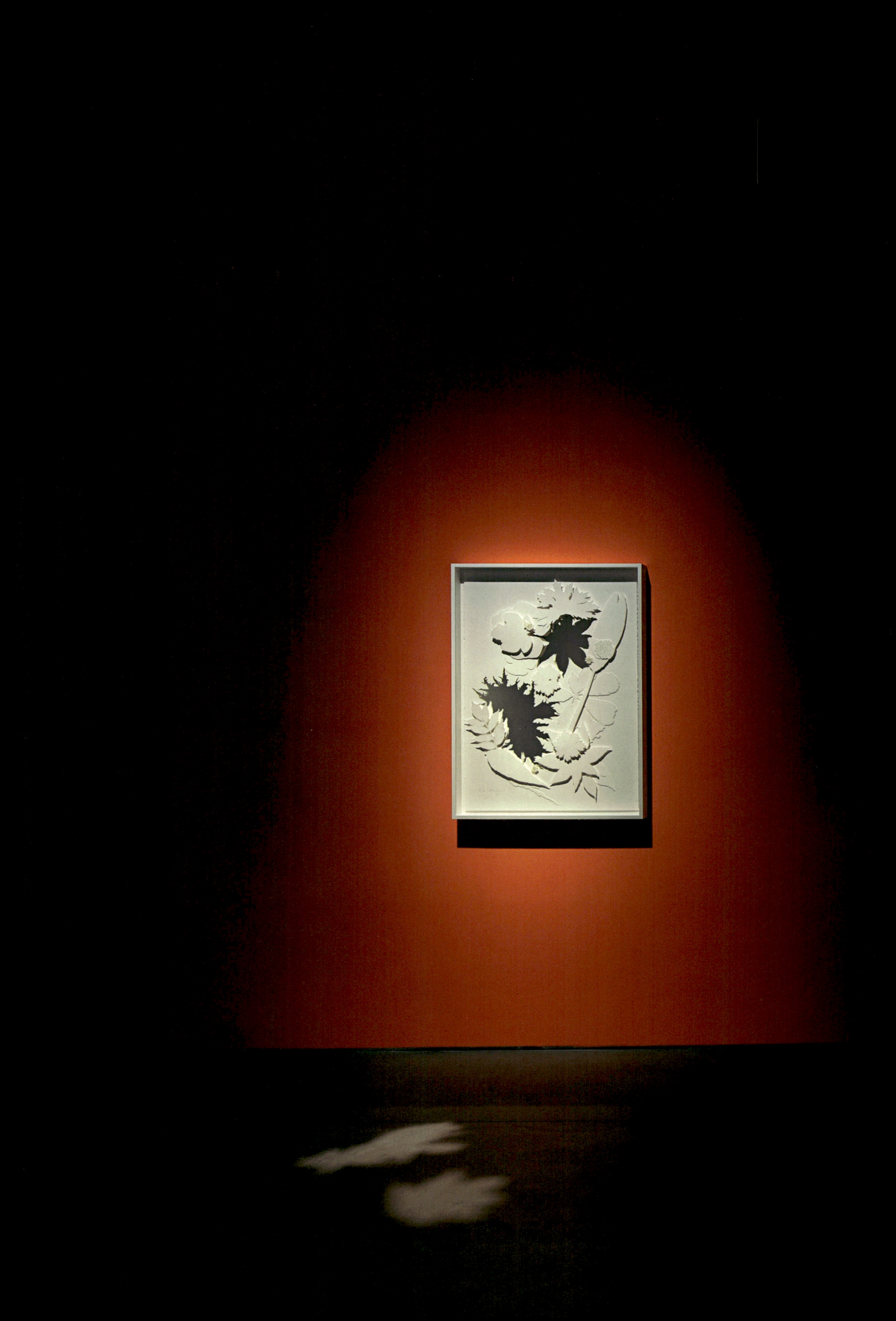

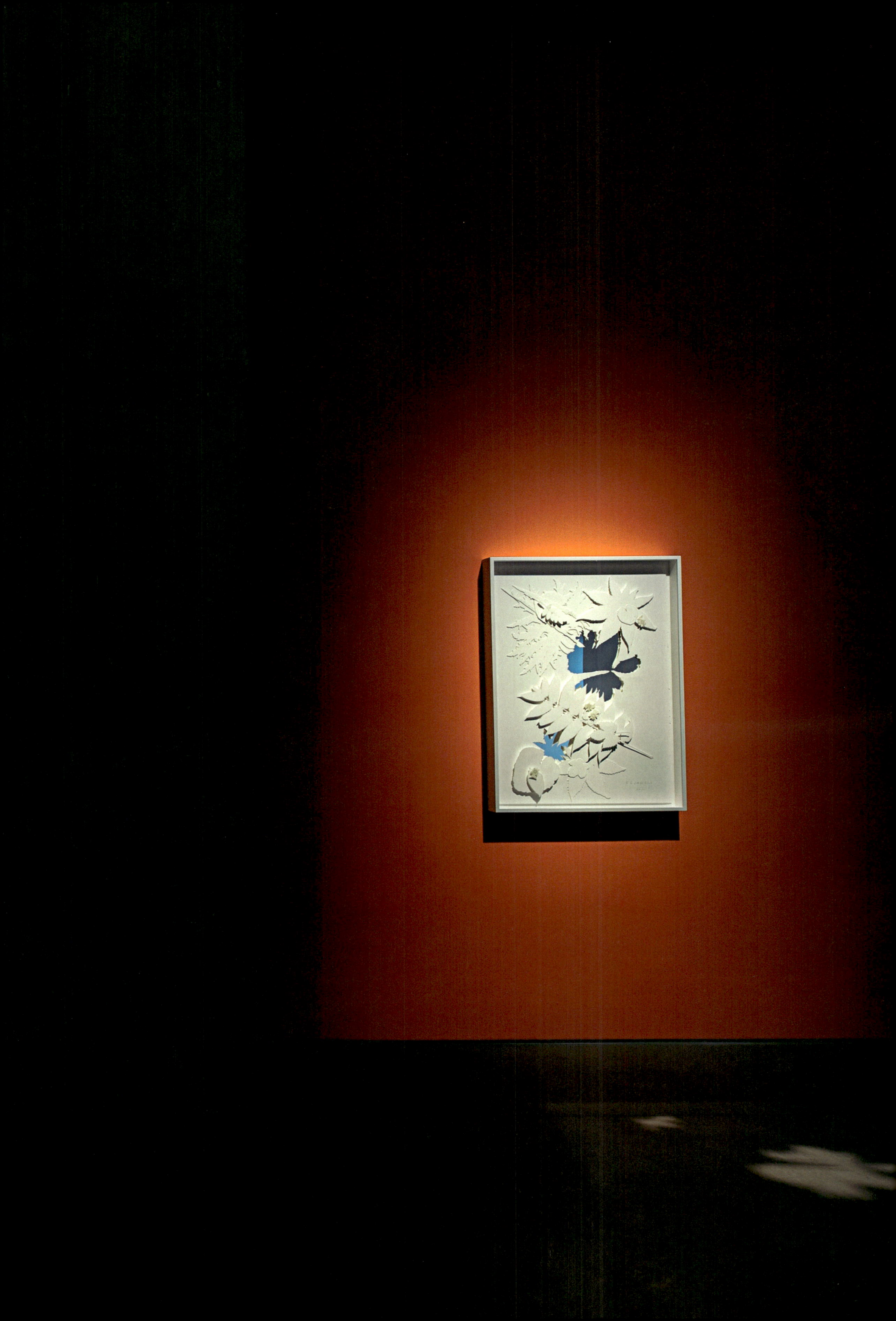

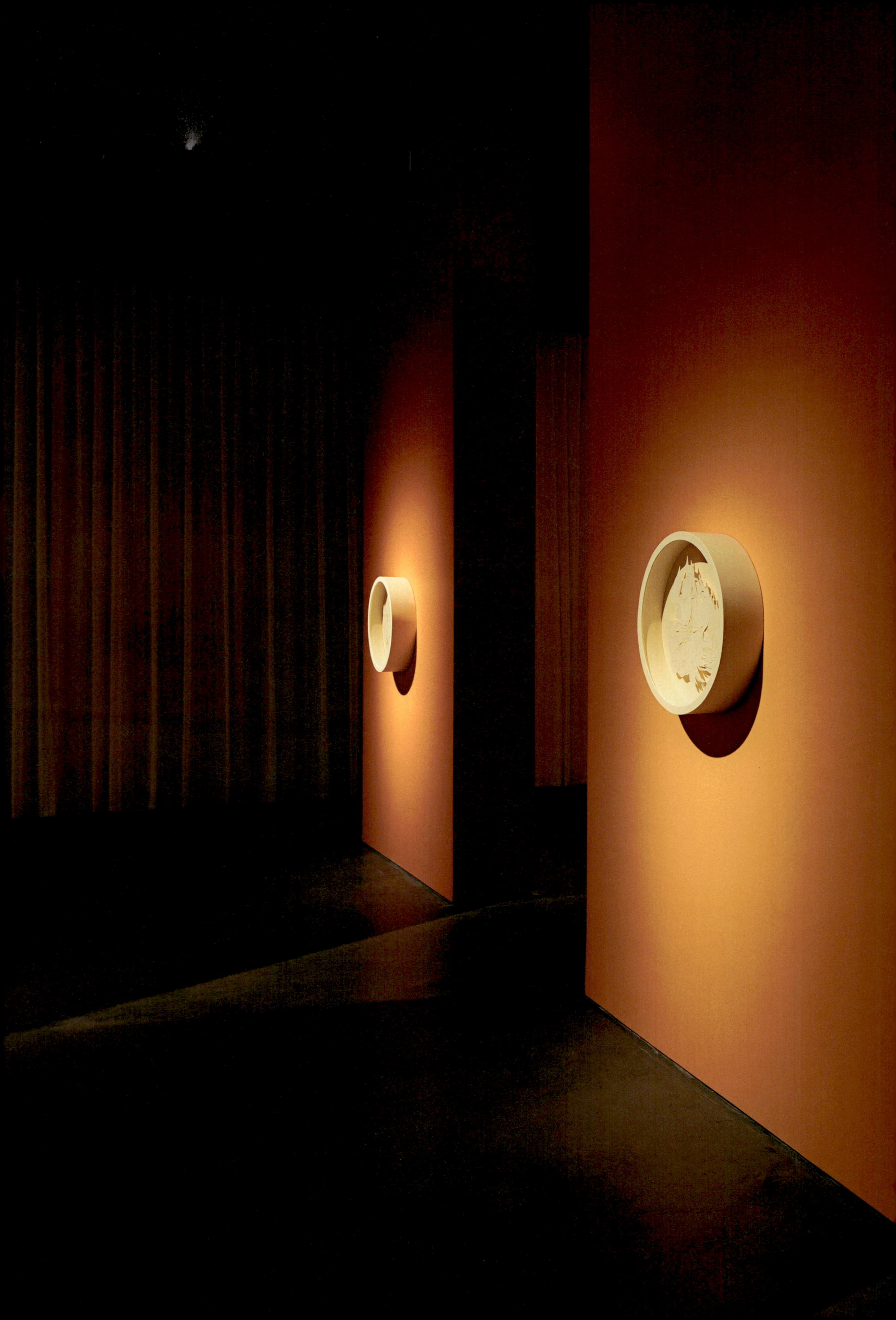

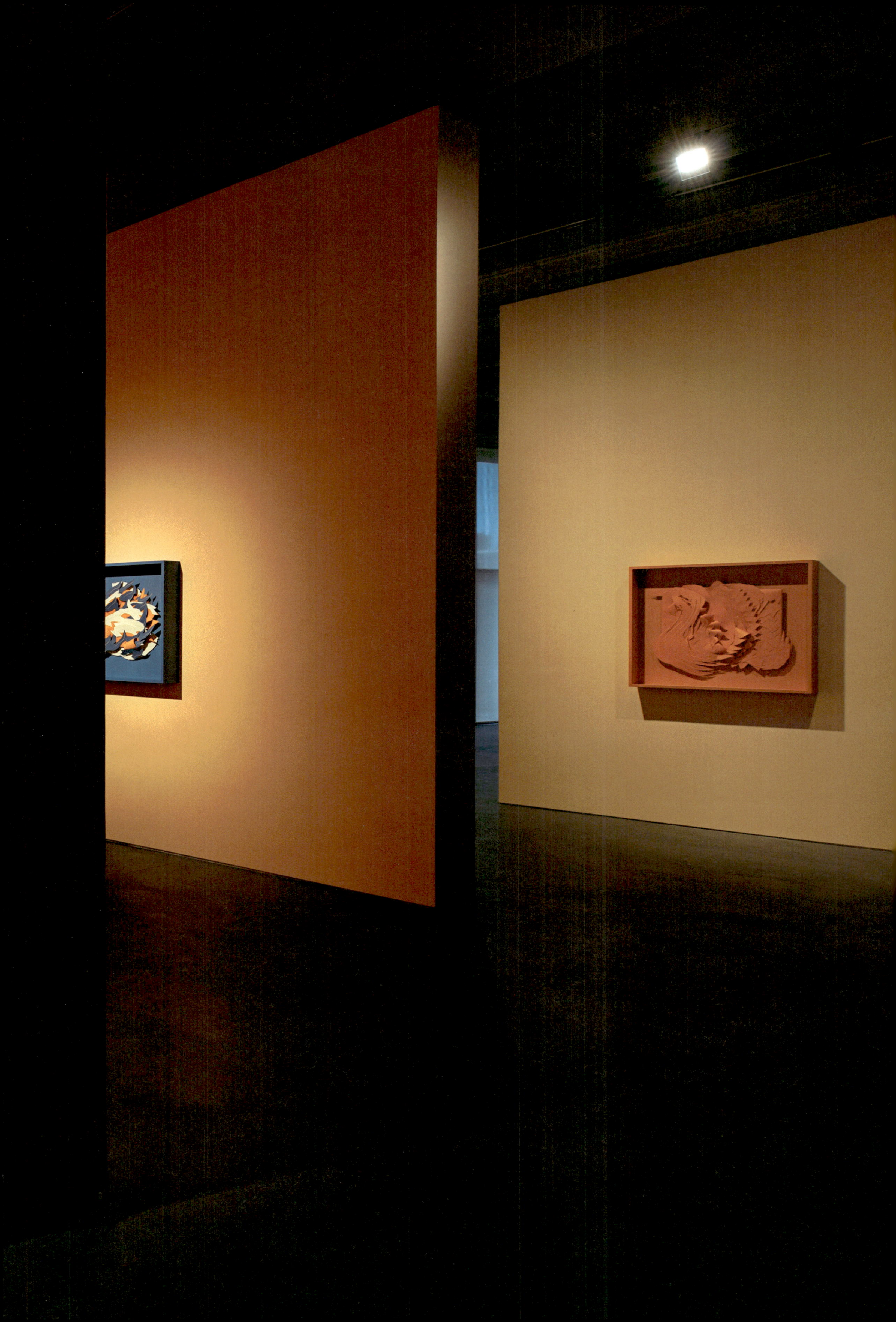

Kuğu Dalışı

Canan Erbil

Eğer
okyanus
kendini sakinleştirebilirse,
sen de yapabilirsin
ikimiz de
havayla
karışan
tuzlu su
değil miyiz.

NAYYIRAH WAHEED

BEDENİN SINIRLARINI YARIP GEÇECEK BİR DUYGU YOĞUNLUĞUYLA baş başa kaldığınız olmuştur. Kalbin ağızdan çıkacakmışçasına çarptığı, ellerin söz dinlemeyecek kadar fazla titrediği, şiddetli bir kaygı, korku ya da onunla ne yapacağının bilinemediği bir sevinç hali; sanki hiç bitmeyecek, sonsuza dek sürecek hissiyle dolup taşmak. Böyle anlarda genelde derin derin nefes alır, bu nefes alışverişinin her birini birer durak olarak benimseyerek sakinleşmeye çalışırız. Noktalar, çizgiler, şekiller ve semboller, yani sonlu şeyler insanı güvende hissettirir. Sonsuzluk fikri insan aklının tahayyül edemeyeceği bir düzlemde yer aldığından, onu başı ve sonu olan bir şey gibi tanımlamaya çalışmak, sonlu şeyler yardımıyla onu bir anlığına daha dünyevi ve algılanabilir kılmak bir nebze rahatlama hissi, bir tür sürdürülebilirlik duygusu getirir. *Sonsuz Ritim*, bütünsel olarak Jorinde Voigt'un sonsuzluk düşüncesine karşı ritmi, soluklanma ve çoğalma alanı olarak yeniden kurguladığı bir çark sistemini andırır. Kâğıt kesiklerinin yarattığı ayrımlardan hareketle birbiri üzerinde üstünlük kurmaya çalışırcasına yarışan girift formlar, kazandıkları ivme sayesinde izleyenlerden bağımsız olarak evrensel ve değişmez bir devinim elde etmiş gibidirler. Eserlere birer birer bakarken gördüğümüz şey artık birer yüzey olmaktan çıkar, zamansal ifadelere karşılık gelmeye başlar. Bu, tıpkı kayaların çağlar boyunca durmadan sürtünmesi, aşınmasıyla oluşan kumsalların bizlere mekânsal boyutunun yanı sıra zamanı da anımsatması gibidir. Her katlama, her kesik, her durma noktası "aşina algılarımıza eşlik eden örgütlü birer devindirici"[1] gibi işlemeye ve mekâna girer girmez mevcut olan imge dünyamızın içerisinde nabız tutmaya başlar. Renkli duvarların ardı ardına sıralanmasıyla önce mekânın kendisinde yaratmış olduğu ritim duygusu belirir. Bir bakıma bir labirenti de andıran duvarlar izleyenlere belirli rotalar çizer, fakat tekrar duygusu ve çok ustaca yapılmış tonlar arası geçiş bir anda baş döndürücü bir etki de yaratmaya müsaittir. Jorinde Voigt daha eserlere teker teker gözlerimiz ilişmeden sergileme biçimiyle bizlere referans noktaları belirlemiştir bile. İki boyutlu yüzeyden kendilerini özgürleştirerek heykelleşen birbiri içine geçmiş mütemadi formlar, biraz önce sergi alanında duvarlar arasında bir akış bulmaya çalışan insanlar gibi rotası belli belirsiz bir örüntüyü takip ederken bir döngünün içerisinde bulurlar kendilerini. Ritim duygusu kâğıt kesiklerinin incecik boşluklarından defalarca çoğalan bir hareket sistemi olarak kendi reflekslerini üretmeye başlar.

Jorinde Voigt ve sanat pratiği üzerine söz söyleyebilmek için aşina olduğumuz ve kelimelere indirgediğimiz sanat tanımını yeniden düşünmemiz gerektiği kanaatindeyim. Bunun sebebi, sanatın keskin ifadelerle tam anlamıyla tanımlanamayacağına olan inancımın yanı sıra, Jorinde Voigt gibi kendi varoluşunu ve bu varoluşun onun omuzlarına bıraktığı ağırlığı parça parça dünya üzerinde bir yerlere saçarak yükünü hafifletmeye çalışan bir sanatçıyla ancak derin bir empati duygusuyla diyalog kurulabileceğidir. Nitekim bu da sanatın en büyük açmazlarından biridir. Başlı başına insanı anlamak pratikte pek mümkün değilken, sanatçının iç dünyasıyla kol kola uzun bir yolculuğa çıkmak büyük bir çılgınlıktır.

Jorinde Voigt için sanatçı olmak, üretmek bir tercihten ziyade bir oluştur. Yapmakta olduğu şeyi yapmak istediğinden çok ama çok emindir fakat bunun çağdaş sanat ya da başka bir şey olması birincil motivasyonu olmamıştır hiçbir zaman. Ona yıllar sonra ne yaptığını soracak olsak ve bunu gerekçelendirmesini istesek, muhtemelen bizlere o ana kadar ortaya koyduğu her şeyi "sadece yapmak" istediğinden bahsedecektir. Eserleri Jorinde Voigt'un içerisinde yaşadığı dünyayı anlamlandırmak üzere giriştiği, etki/tepki ve sebep/sonuç arasında yer alan, kıvrımları bol bir süreç sonucu açığa çıkmış birer zihin haritası ve oyun alanıdır esasında. Amerikalı gökbilimci Carl Sagan insanın içinde yaşadığı evreni algılama yolculuğunda hayal etmenin ve kendi tonunu bulmanın önemini sıkça vurguladığı *Kozmos: Bir Uzay Serüveni* serisinde "Fizik ve kimya, hayat şekillerinin oluşumuna imkân verir. Sanat bunu sevimli kılar," der.[2] O döneme kadar keşfedilmiş ve bilimsel olarak kanıtlanmış verilerle evrenin ve yaşamın sırlarını kişisel bir serüvene çıktığı bu sonradan kitaplaştırılmış belgesel seriye *Kozmos: Bir Uzay Serüveni* ismini koymasını ise ben her zaman insana bıraktığı hata payına bir şans vermesi olarak görmüşümdür. Jorinde Voigt'un sorduğu her bir soru da her ne kadar kesin doğrular, formüller ve grafiklerle evrende bir sıfır noktasından hareket etmeye başlasa da, x ve y eksenlerinde tıpkı Sagan'ın kendine bıraktığı insan olma payına da hakkını vererek yolculuğunu sürdürür; sonsuz ihtimaller denizinde onun duygu ve düşünce dünyasında yol bulmaya çalışanlar için rotalar çizer, duraklar belirler, onlara kendi deneyimlerini ve bulgularını paylaşmalarında rehberlik eder.

Sanatçının eserlerinde spontane duygu ve düşünce akışını algoritma, formül, notasyon ya da grafiklerle, yani daha elle tutulur verilerle görselleştirme arzusu, şeylerin dışarıdan görünen taraflarıyla değil, onları oluşturan elementlerin ne olduğuna duyduğu meraktan ileri gelir. 2003 yılında fotoğrafa veda etmesinin sebeplerinden biri de budur diye düşünüyorum; foto-grafik imaj yalnızca görünene odaklıdır, yeterli enformasyonu sağlamıyordur ve neden o belirli kareye odaklandığını, neden o andan, manzaradan ya da objeden büyülendiğini yeteri kadar açığa çıkartmadığından eline kâğıt kalem alıp bütün motivasyonlarını not almaya başlar. "Şeylerin iç müziği ancak, gözlerimizi kapatıp onlarda oyalanmaya kapı aralandığında işitilebilir"dir.[3] Jorinde Voigt, özünde gerçekliğin bir kopyasını oluşturmak üzere ortaya çıkan foto-grafik teknik yüzeyselliğinden taviz vermediği noktada, kendini düşünce formları üretmenin kollarına bırakır. Bu adeta bir dürtüye arkeolojik kazı yapmak gibi gerçekleşir Jorinde Voigt'un üretim pratiğinde. O dürtünün gerçekten neden var olduğunu önce kendisinin derinlemesine araştırması gerekir, sonra da etrafındakilere kazı esnasında ortaya çıkan bulguları göstererek bir bilinmezliğin kurgusunu oluşturmalarına yardımcı olur. İçten gelen, dışı sorgulatan, içe bakan, dışı anlamlandıran bir sürece şahitlik ederiz. Bir konuşmasında sarf ettiği "Şimdiye ait her form kendi geçmişine dair bir şey söyler"[4] cümlesi üretim pratiğinde ön plana çıkan davranış örüntüsünü açıklar niteliktedir; devamlı ve birikerek artan tasavvur biçimlerine uzaktan bakıldığında gördüğümüz şey, Voigt'un idealar dünyasından kâğıt üzerine yansıyan temsili manzaralardır.

Eserleri, soyut düşüncenin fiziksel dünyada bir karşılığı olsaydı neye benzerdi üzerine yapılmış birer etüttür adeta. Edebiyat, felsefi mefhumlar, evren, doğa, müzik, kolektif bilinç, kültürel fenomenler ve aslında etrafında olup biten her şey, onun ilham kaynağı olma potansiyeline sahiptir. Onun için "bağlam" en başta çözülmesi gereken bir bilmecedir. Ardından bu bilmeceyi serbest çağrışım süzgecinden geçirerek görsel düşünce modellerine evirir. Hangi mecra ve malzemeyle üretim yapacağını konseptin kendisi belirler. Çünkü Voigt, eserin sergilenme biçimi ve kullanılan her bir malzemenin söylediği bir sözünün, sorumluluklarının olduğunun farkındadır. Bu sayede de ortaya her bir imgelemin kendi bilincini taşımasına izin verdiği, ayakları üzerinde duran, kendi kendine var olabilen eserler koyar. Eserleri ondan çıktıktan sonra onunla etkileşimde olan insanlarla diyalog kurmaya ve zihinlerde çoğalmaya devam eder. Bir diğer deyişle bahsi geçen soyut düşünce formları kendilerini her defasında yeniden üretir, mümkün olan her ihtimalin peşinden koşarlar.

Jorinde Voigt'un üretim pratiğinde duyusal deneyimler sonucu ortaya çıkan duygusal dışavurumlar kadar yer eden bir başka aracı da beden hareketidir. Kendi bedenini, kâğıt, kalem, mürekkep ya da altın varak gibi bir malzemeye dönüştürmek; yüzeylere performatif, hatta belki de meditatif denebilecek bir alandan dahil olmak, eserlerini birer hafıza mekânına dönüştürür. Sadece kendi fiziksel alanımız kadar yer kapladığımız düşüncesine çelmeler takar. Bedenin sınırlarını önce tespit eder, sonra ötesine geçmenin yöntemi olarak sanatsal pratiğini bir portal olarak kullanır. Hareketin dokümantasyonu o anda açığa çıkan enerjinin bir dışavurumu olarak yüzeyde derin izler bırakır. Bu izlerin her biri ayrı bir olasılığa kapı açar. Düşününce tüm bunlar geleceğe göndermek üzere yazılmış çokkatmanlı içgörü kodlarıdır; uygun koşullarda, izleyenin zihninde belirli bilgi ya da duygulara hitap ettiklerinde arkalarında yatan mesaj açığa çıkar. Burada uygun koşullardan kast edilen, eserlerle etkileşimde bulunan insanların hazır bulunuşluğundan başka bir şey değildir. Bana göre Voigt, evrenle bütünleşik bir yaklaşıma sahiptir; her eylemin bir kelebek etkisi yarattığının ve söz konusu etkinin her defasında birbirinden farklı senaryolara gebe kaldığının farkındadır. Bu farkındalıktan doğan gerilimi, biriken enerjiyi parmaklarının ucundan topraklanırcasına yüzeylere aktarır.

Duyusal, kısıtlı, sonlu, bir o kadar da fizikötesi ve yeterince açıklanamayan, fakat varlığı da asla inkâr edilemeyen bir deneyimler bütünü olan sanat aracılığıyla ve sayesinde bir okyanusun ritmini hatırlatır; tüm gelgitleri nasıl bertaraf ettiğini, dalgaları ne kadar şiddetlenirse şiddetlensin onun yalnızca havayla karışık bir tuzlu su olduğunu ve biraz sonra huzura kavuşacağını.

İstanbul, 2022

Sonnotlar

1 Henri Bergson, *Madde ve Bellek*, çev. Işık Ergüden (İstanbul: Dost Kitabevi Yayınları, 2015).

2 Carl Sagan, *Kozmos: Evrenin ve Yaşamın Sırları*, çev. Reşit Aşçıoğlu (İstanbul: Altın Kitaplar, 2018), 59.

3 Byung-Chul Han, *Eros'un Istırabı*, çev. Şeyda Öztürk (İstanbul: Metis Yayıncılık, 2019), 45.

4 "Every form of the present speaks of its own past." Jorinde Voigt, *The Sum of All Best Practices* işleri üzerine.

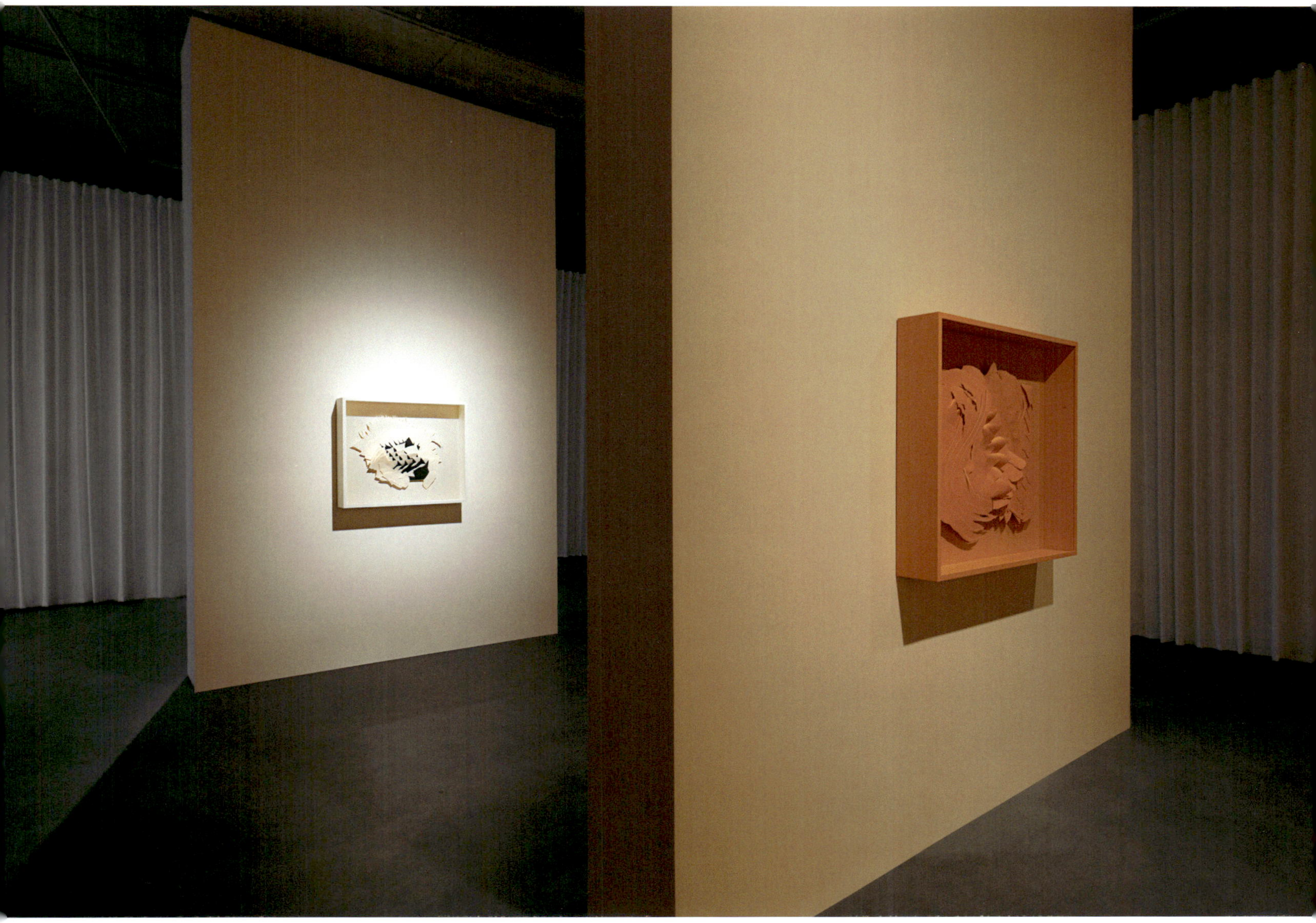

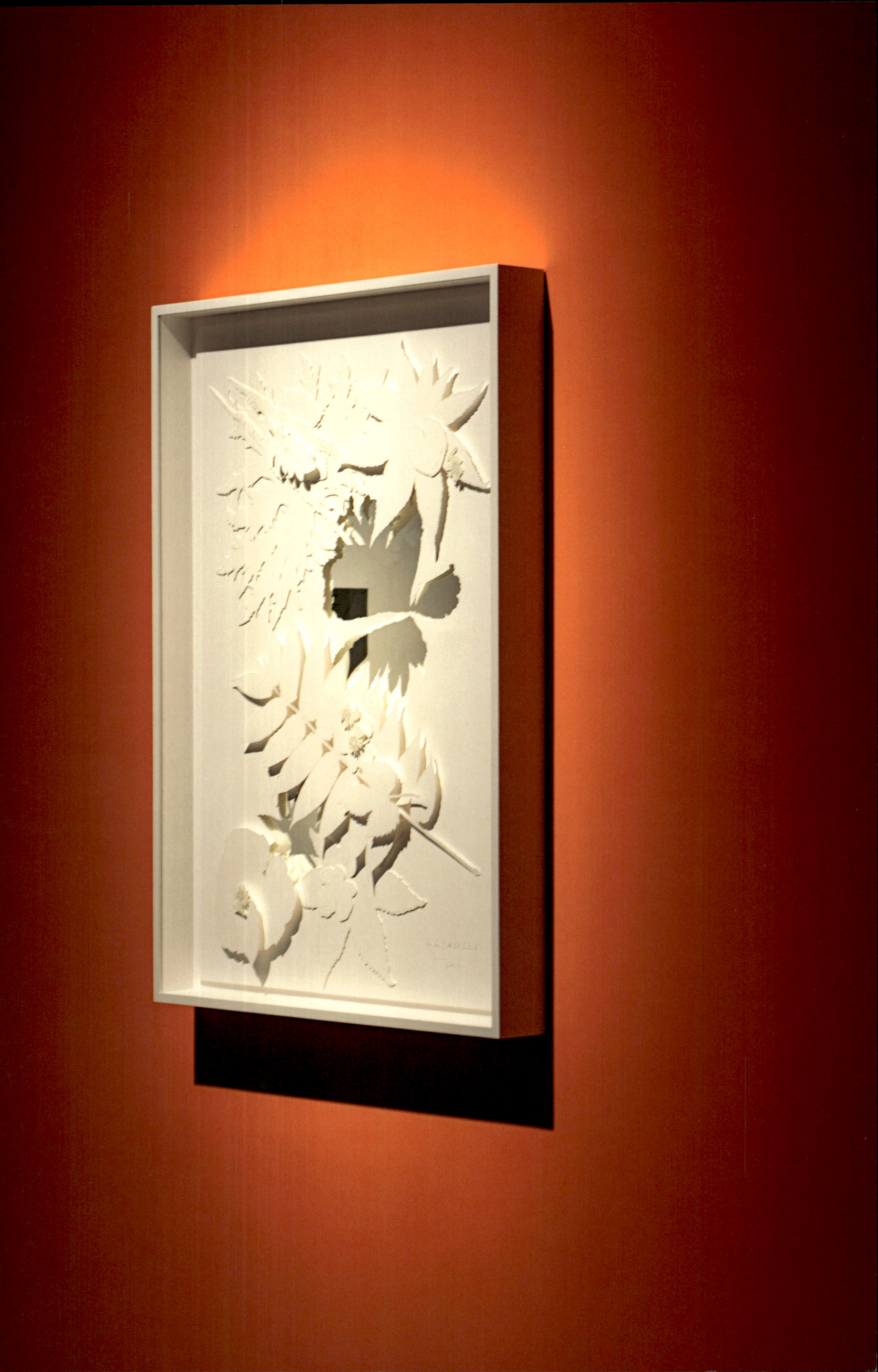

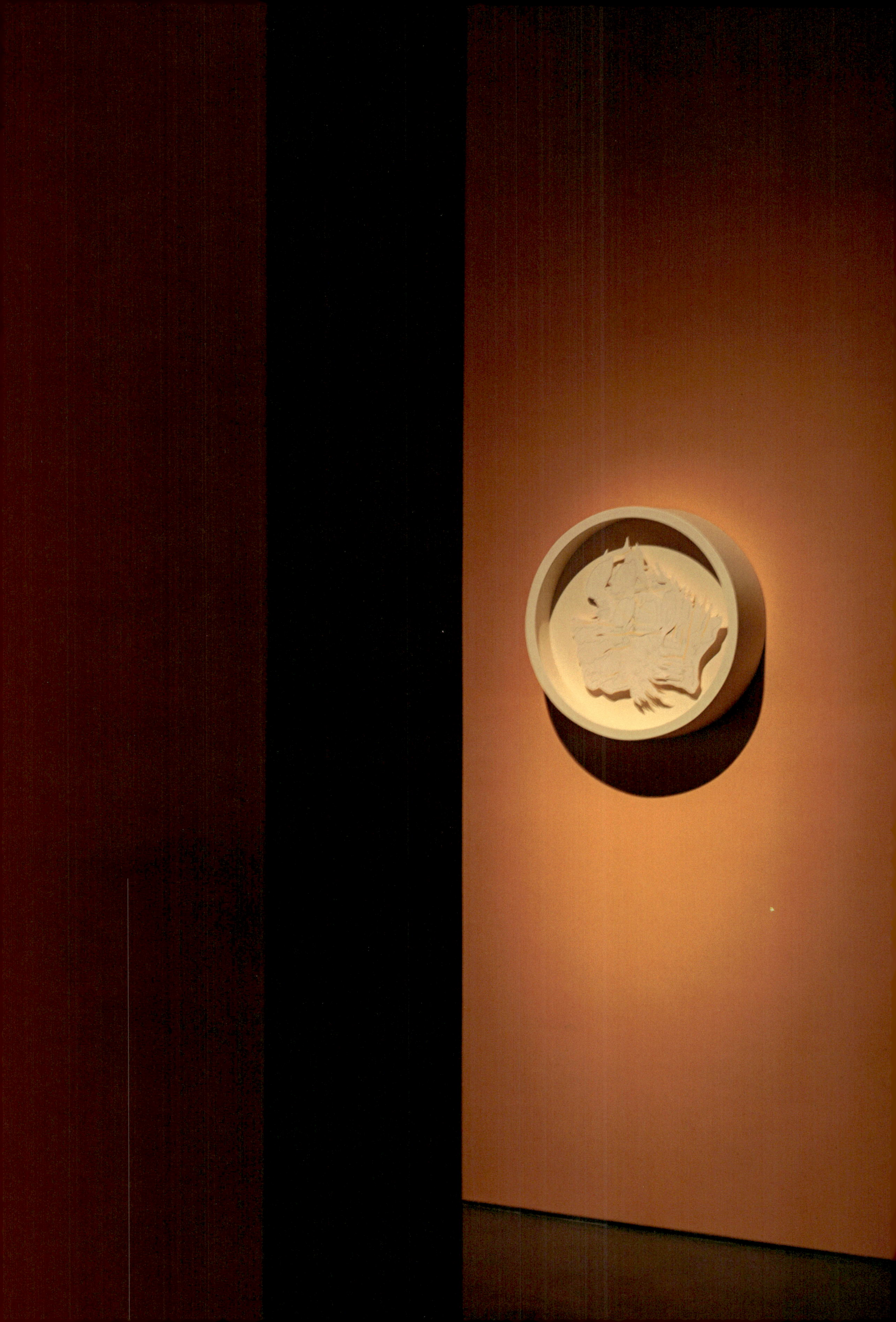

Swan Dive

Canan Erbil

If
the ocean
can calm itself,
so can you.
we
are both
salt water
mixed with
air.

NAYYIRAH WAHEED

SURELY, YOU, TOO, MUST HAVE EXPERIENCED SUCH INTENSITY OF emotion as to tear through the confines of the body. The heart beating as if it might burst through the mouth, hands shaking with uncontrollable disobedience, a violent state of anxiety, fear or joy that one doesn't know what to do with; overflowing with the feeling that it shall never end and last forever. At moments like these, we usually take deep breaths, and, holding on to each of these breaths as our next resting point, we try to relax. Dots, lines, shapes and symbols, namely finite things, tend to give us a feeling of safety. As the notion of infinity is located on a plane beyond the human imagination, the endeavour to define it as something with a beginning and an end, or, to momentarily render it more mundane and perceptible with the help of finite things, affords a tiny bit of relaxation and a sense of sustainability. *Infinite Rhythm* integrally resembles a system of wheels by way of which Jorinde Voigt, *vis-à-vis* the thought of infinity, re-imagines rhythm as a space of breathing and of expansion. Intricate forms, moved by divisions created with paper cuttings, compete with each other as if they were trying to achieve superiority and seem to have achieved universal and permanent movement independent of the viewer, through the momentum that they have gained. When we look at the artworks, one by one, we no longer see their surfaces, and thus, they begin to correspond to temporal expressions. It is similar to how certain beaches have formed through the ages by rock friction and erosion, in addition to their spatial properties, and also remind us of father time. Each enfolding, each cut and point of rest, begins to function as «organised motor accompaniment"[1] against our familiar perceptions, to be able to listen to our world of imagery which is there from the moment that we enter the exhibition space. From the successive juxtaposition of the colourful walls, there firstly appears the sense of rhythm that the space creates in itself. The walls, labyrinth-like in a way, map out certain routes for viewers, while that sense of repetition and the masterful transition between shades of colour is liable to generate a sudden dizzying effect. Jorinde Voigt has already allotted our points of reference through her style of exhibiting before our eyes, which even catch sight of the individual artworks. Continuous forms that have liberated themselves from their two-dimensional surfaces have become sculpture-esque and intertwined, and find themselves in a vicious circle while tracing a pattern (the route of which is tentative), as do the people who were just trying to find a flow between the walls of the exhibition space. A system of motion, multiplying from the delicate voids of the paper cuttings, the sense of rhythm begins to produce its own reflexes.

To speak of Jorinde Voigt and her art practice, it seems necessary to redefine our familiar notion of art, which we have reduced to mere words. The reason for this is, on the one hand, my conviction that art cannot be fully defined in clear-cut terms, but, also, my belief that engaging in a dialogue with an artist like Jorinde Voigt who is trying to unburden her load by strewing fragments of her own existence and the heaviness it brings to her shoulders throughout the world requires a deeply empathetic approach. As a matter of fact, this is one of the greatest dilemmas of art. In practice, even the comprehension of a human being *per se* is almost impossible; thus, the attempt to embark on a lengthy journey, arm-in-arm, to discover that the artist's inner world is really just pure madness.

For Jorinde Voigt, being an artist and creating is more existence than preference. She is absolutely, unquestionably, sure that she is doing what she wants to do, but it has never been her primary motivator that the thing she is doing is called contemporary art or something else. If, years from now, we were to ask her what she was doing and on what grounds, her answer would probably be that everything she had put forth hitherto was all "just what she wanted to do." Each of her artworks is a mind map *and* a playground, unveiled through a multifold process situated between action/ reaction and cause/effect which Jorinde Voigt enters into to make sense of the world which she occupies. In his documentary series *Cosmos: A Personal Voyage*, wherein he repeatedly stresses the importance of the human being's imagination as well as of finding one's own voice during the journey of apprehending the universe that we live in, the American astronomer Carl Sagan states that "Physics and chemistry permit ... lifeforms. Art endows them with a certain charm."[2] The title he gave to his series which was later made into a book and in which he sets out to explore the secrets of the universe and of life with the help of all data hitherto discovered and scientifically proven, namely "Cosmos: A Personal Voyage," has always seemed to me to point to his optimistic attitude regarding the margin of error he allowed for human beings. Likewise, even as each question posed by Jorinde Voigt starts from absolute truths, formulas, and graphics, and thus from a point zero in the universe, it does continue its journey on the axes x and y by giving Sagan's margin of being human its proper due; it maps out routes for those who are trying to find their way inside her world of feelings and thoughts within a sea of infinite possibilities, designates certain rest areas and provides guidance to the point of sharing their own experiences and findings.

Her wish to visualise the spontaneous flow of emotion and thought with more tangible data like algorithms, formulae, notations and graphics, stems from her curiosity being piqued by the nature of the elements that things are comprised of rather than by their outer appearances. I believe this to be one of the reasons she bid farewell to photography in 2003; the photo-graphic image focuses solely on appearances, it never provides adequate information; and, as it doesn't sufficiently reveal why she focuses on that specific frame, why she is so fascinated by that particular moment, scenery, or object, she begins to take paper-and-pencil notes of each of her motives. "The inner music of things sounds only when you close your eyes," writes Byung-Chul Han.[3] As Voigt makes no concessions regarding the photo-graphic technical superficiality which essentially emerges from the aim of making a copy of reality, she surrenders her face to the creation of forms of thought.

In Voigt's creative practice, this happens almost like starting an archeological dig into an impulse. Obliging herself to conduct an in-depth exploration of why that impulse actually exists, she then presents the ones around her with the findings she has unearthed during the dig and thus helps them with the fictionalisation of an unknown. We witness a process that is autogenic, brings into question the exterior, faces inwards, and makes sense of the external. A phrase of hers from one of her talks, "Every form of the present speaks of its own past,"[4] is explanatory of the prominent behavioural pattern of her production practices; stepping back and observing from a distance the continuous and accretive way of imagining, what we are faced with are the representative sceneries projected onto paper from Voigt's world of ideas.

Her artworks are virtually a study on what real world equivalents of abstract thought might have looked like. Literature, philosophical concepts, the universe, nature, music, collective consciousness, cultural phenomena and really everything that goes on around her have the potential to become her inspiration. For her, "context" is primarily a riddle that needs to be solved. Next, she strains that riddle through the filter of free association and evolves it into models of visual thought. The media and the materials that she uses for her productions are determined by the concept itself, because Jorinde Voigt is well aware that the style of exhibiting an artwork as well as each material used will make their own statements and hold responsibilities. Thus, she puts forth artworks in which each imagery is allowed its own consciousness, which stand on their own feet, and which are able to exist by themselves. As soon as her works are done (with her), they continue their conversation with and their increase in the minds of the people who interact with her. In other words, the aforementioned forms of abstract thought continually reproduce themselves, each and every time, to track every thinkable possibility.

Bodily movement as an agent is as much ingrained in Jorinde Voigt's creative practice as sensual manifestations arising from sensory experience. Transforming her own body into materials like paper, pencil, ink, or gold leaf, including herself into surfaces from a space that might be called performative, or even meditative, converts her artworks into sites of memory. It trips up the notion that the space we occupy is only as much as the sphere of our own physical body. It detects the limits of the body first and then employs its artistic practice as a portal to move beyond them. The documentation of movement, as an expression of the energy that manifests at that moment in time, leaves deep traces on the surface. Each of these traces opens a door to a separate possibility. If you think about it, all of these are multidimensional codifications of intimacy written to be sent into the future; and, when, under the proper circumstances, they appeal to certain data or emotions within the viewer's mind, their underlying message comes to light. What is meant here by 'the proper circumstances' is nothing other than the presence of the people who interact with the artwork. In my opinion, Jorinde Voigt's approach is cosmically integrated; she is aware that each action produces a butterfly effect and that said effect conceives of various scenarios each and every time. The tension, the accumulated energy arising from this awareness, is transferred by her onto surfaces as if it were springing from her fingertips.

Through and *via* art, a body of experiences that are sensory, limited, finite, but also metaphysical, not fully explainable, yet the existence of which is irrefutable, she calls to mind the rhythm of an ocean; how she disposes of all the ebbs and flows, how, no matter how violent the waves, ultimately it is only salt water mixed with air and will soon calm itself.

Istanbul, 2022

Endnotes

1 Henri Bergson, *Matter and Memory*, trans. Nancy Margaret Paul and Scott Palmer (London: George Allen & Unwin, 1929) 113.
2 Carl Sagan, *Cosmos: A Personal Voyage* (New York: Random House, 1980), 41.
3 Byung-Chul Han, *The Agony of Eros*, trans. Erik Butler (Cambridge, MA, London: The MIT Press, 2017), 40.
4 Jorinde Voigt on her series *The Sum of All Best Practices*, 2022.

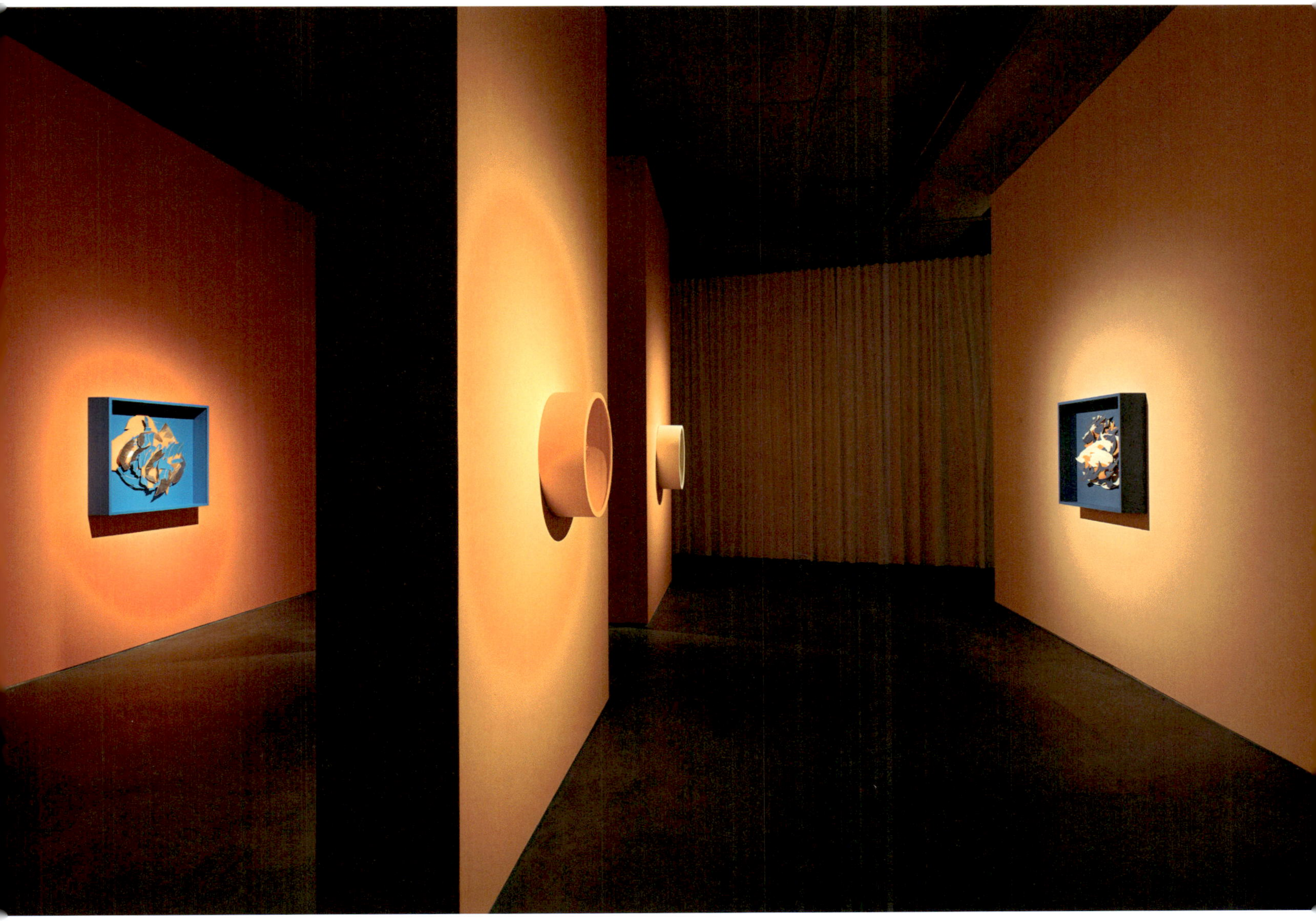

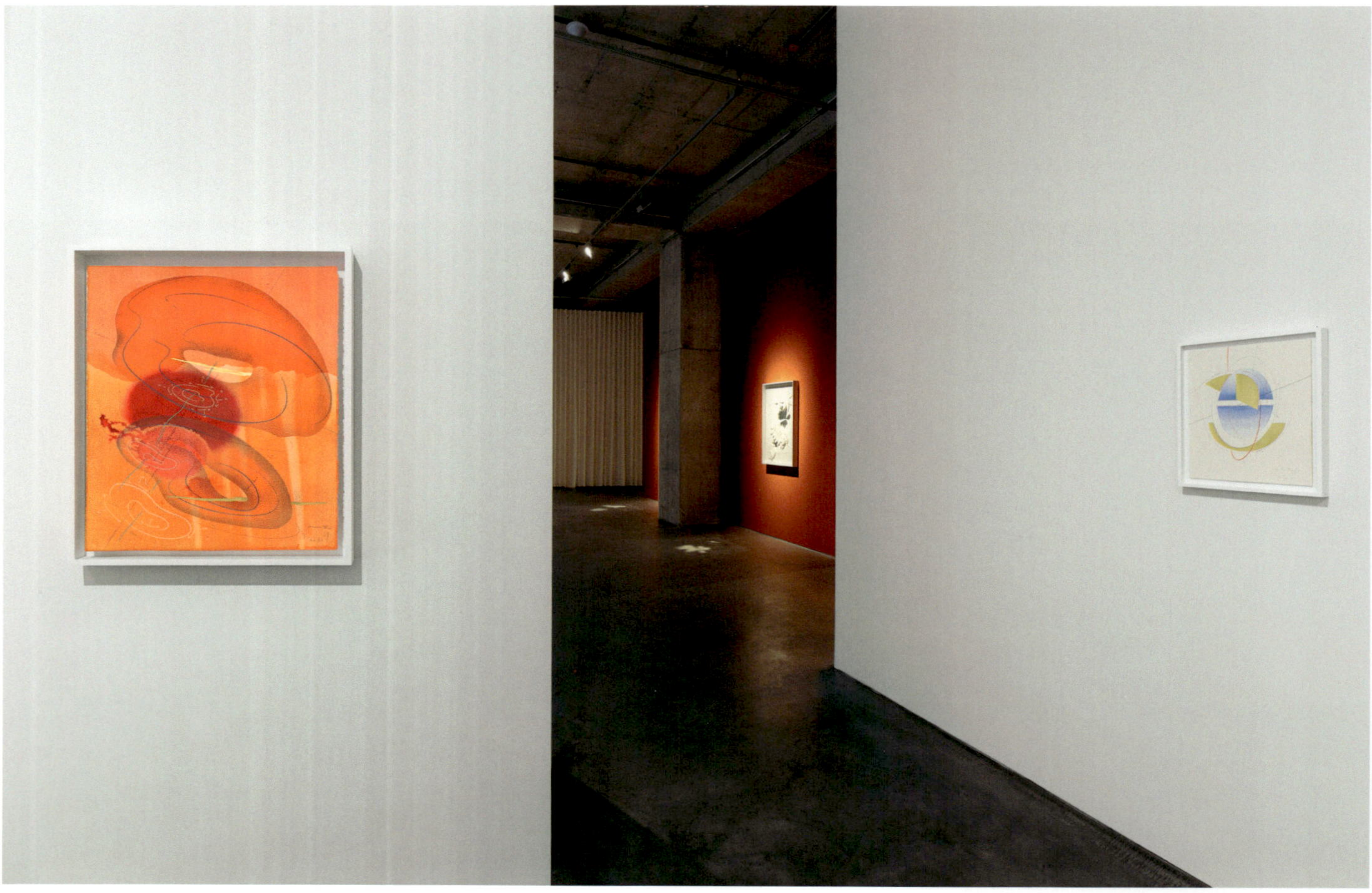

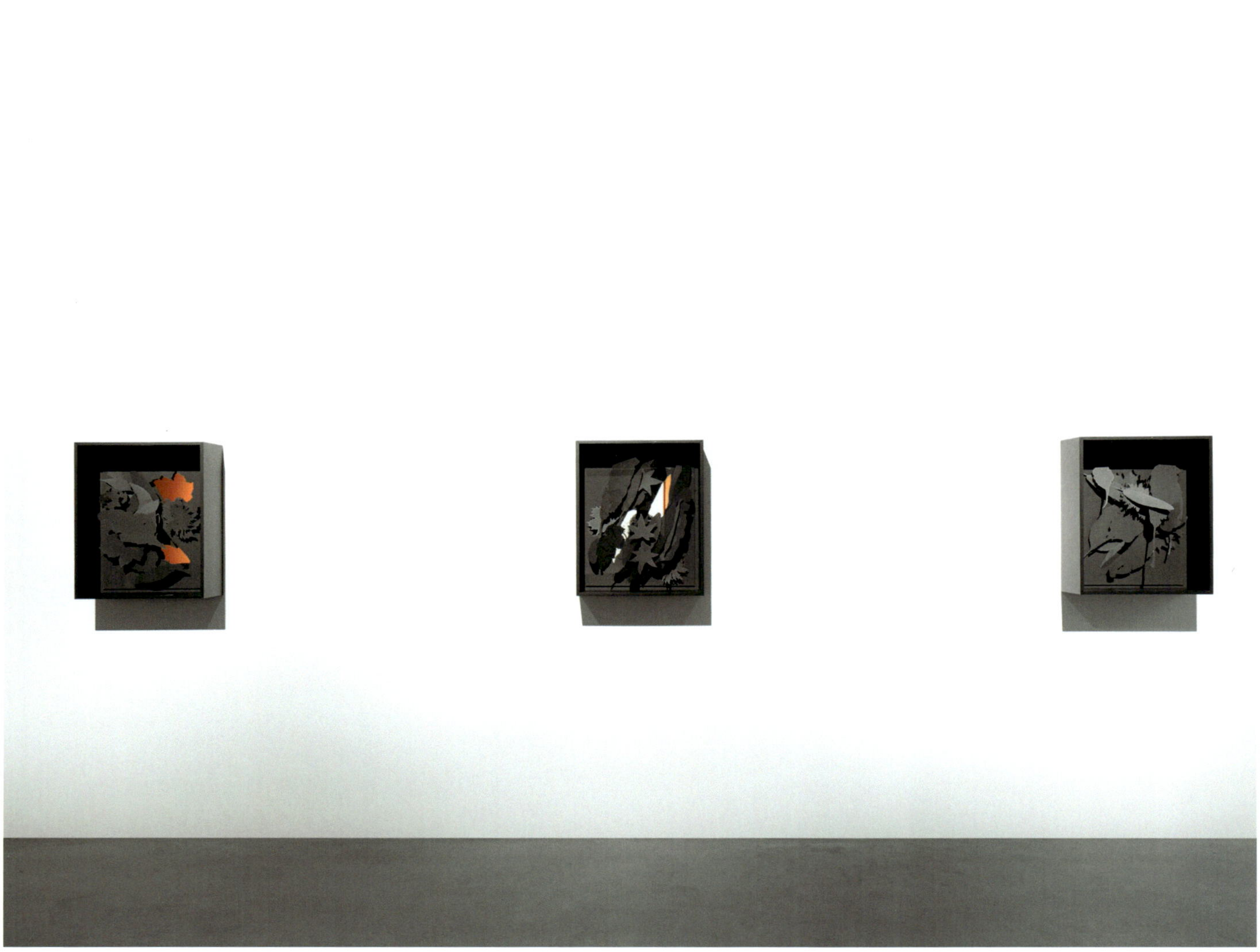

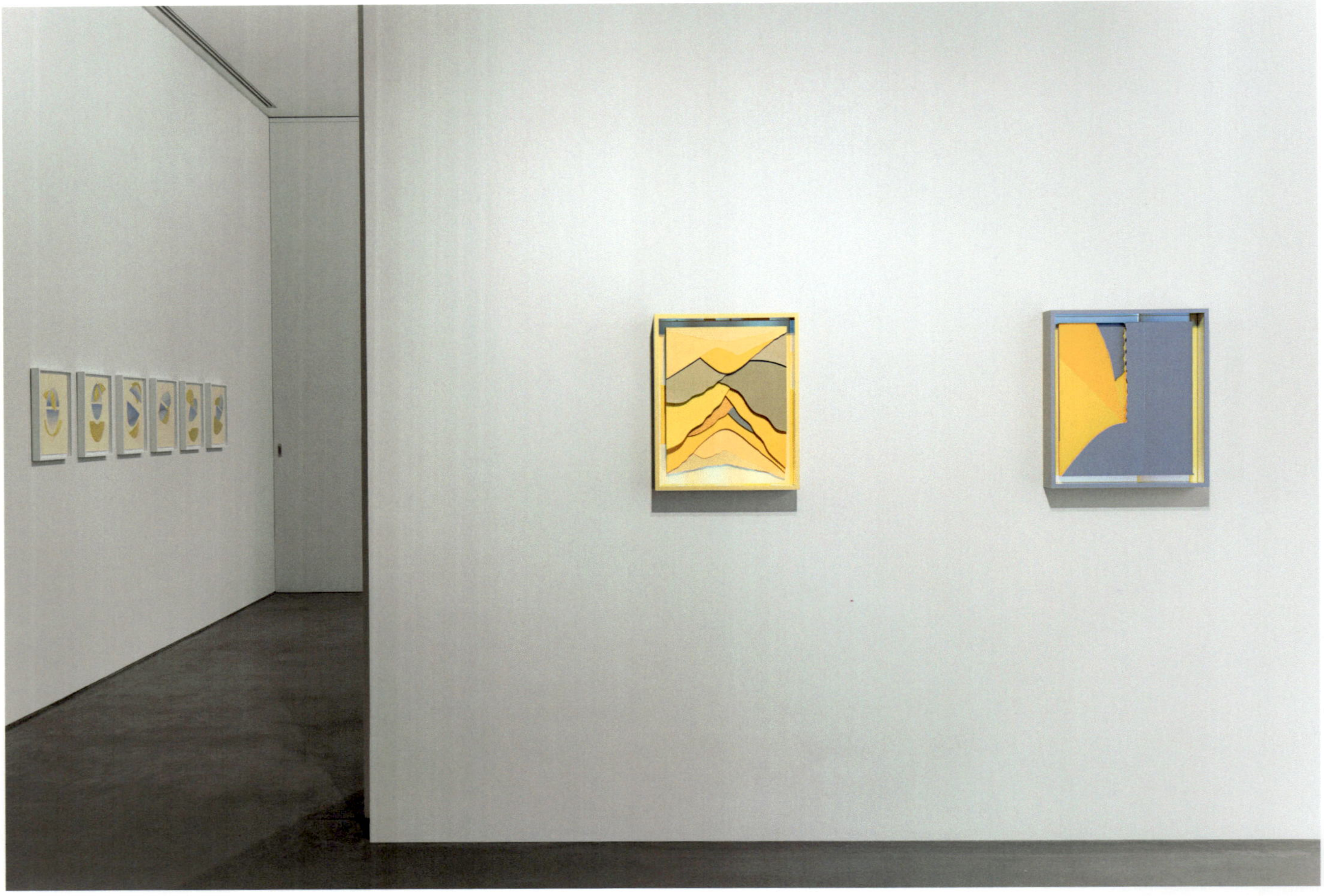

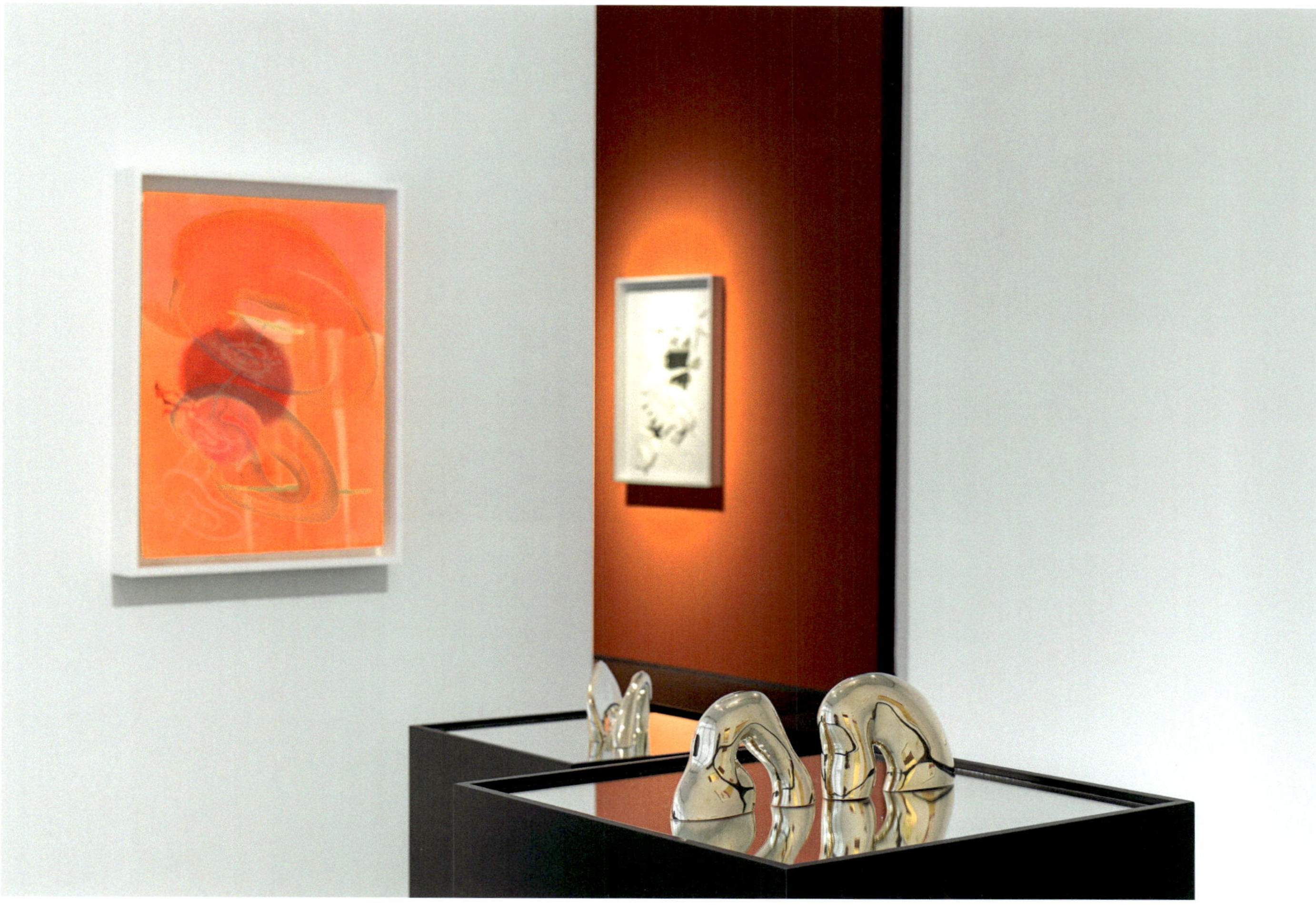

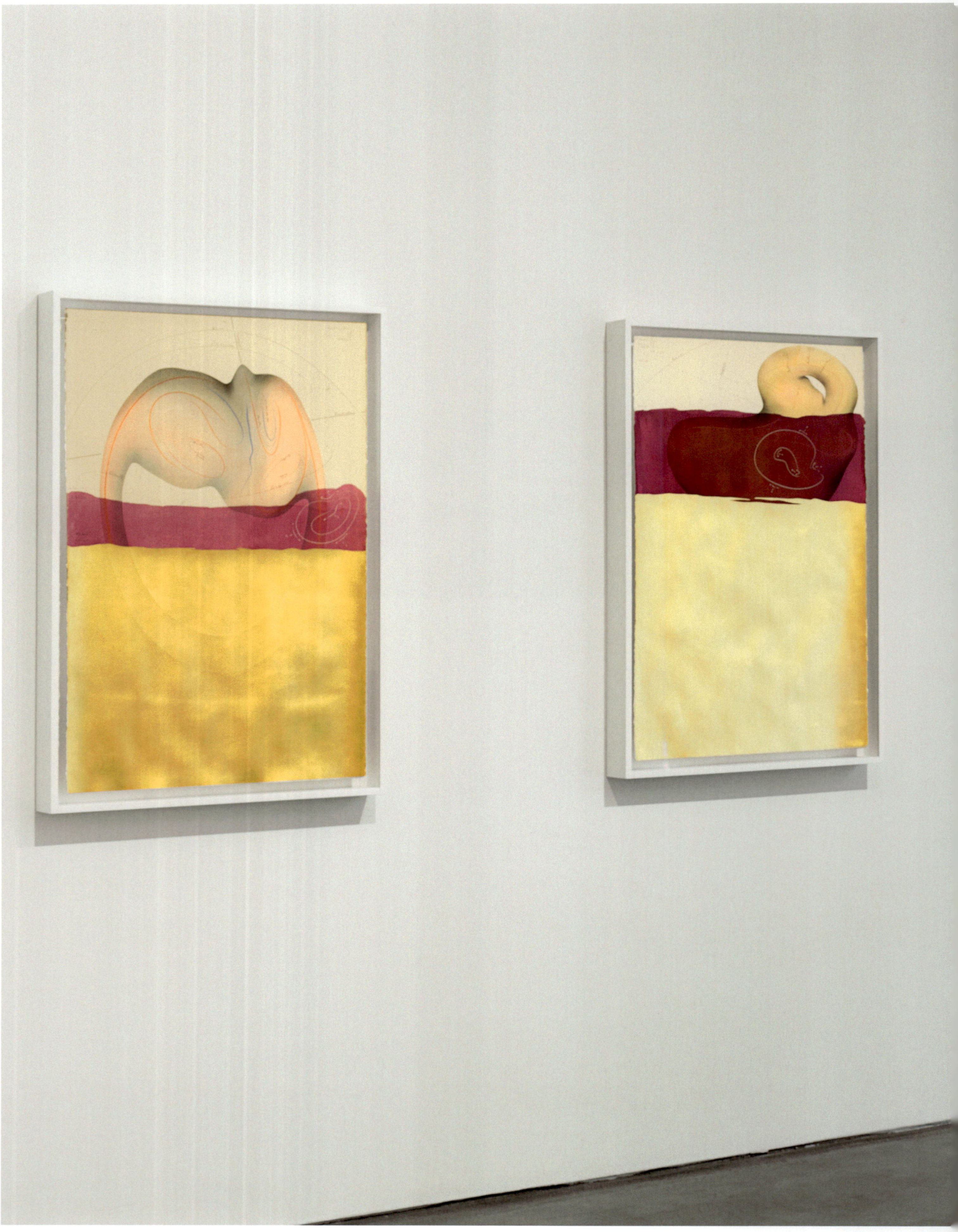

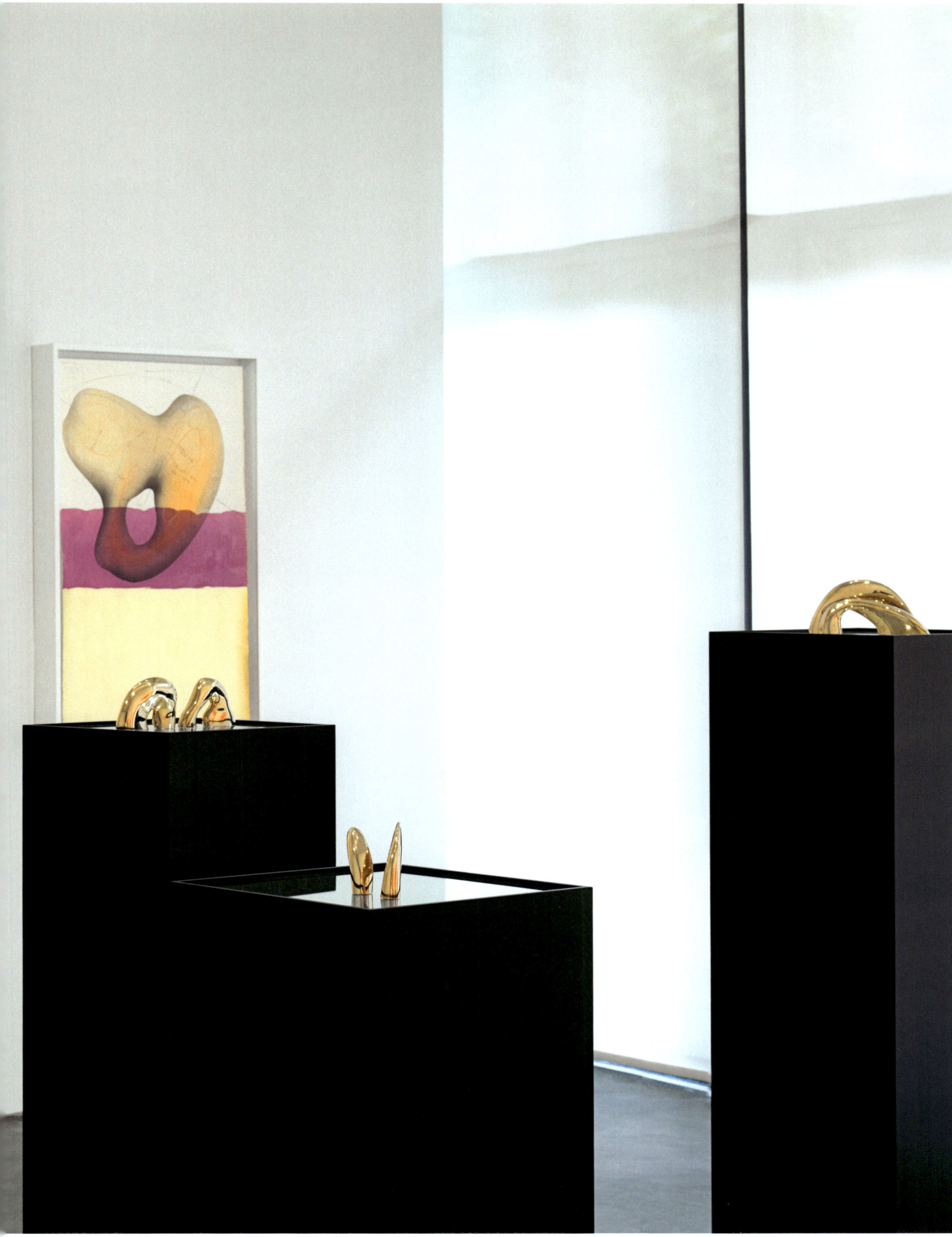

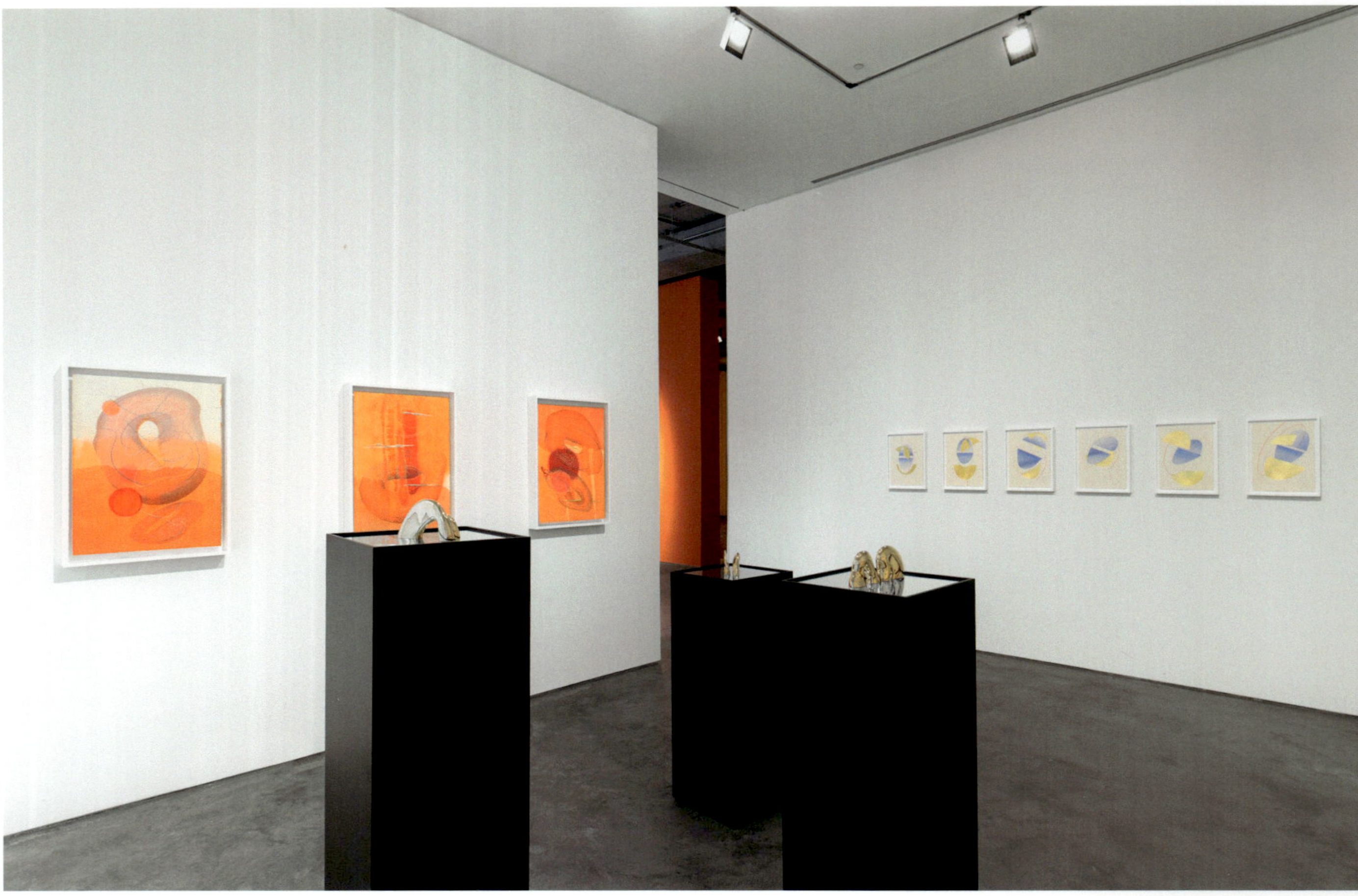

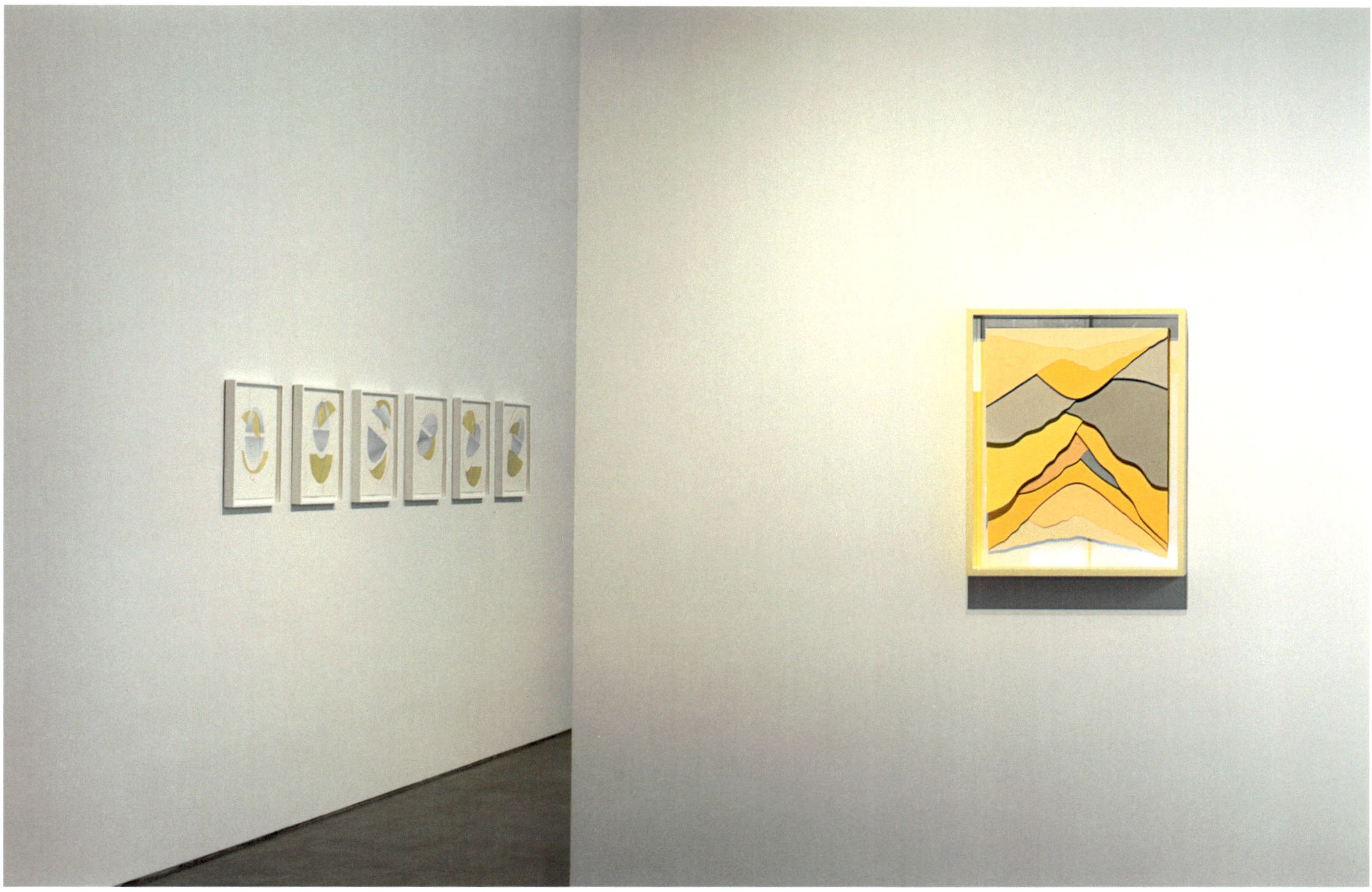

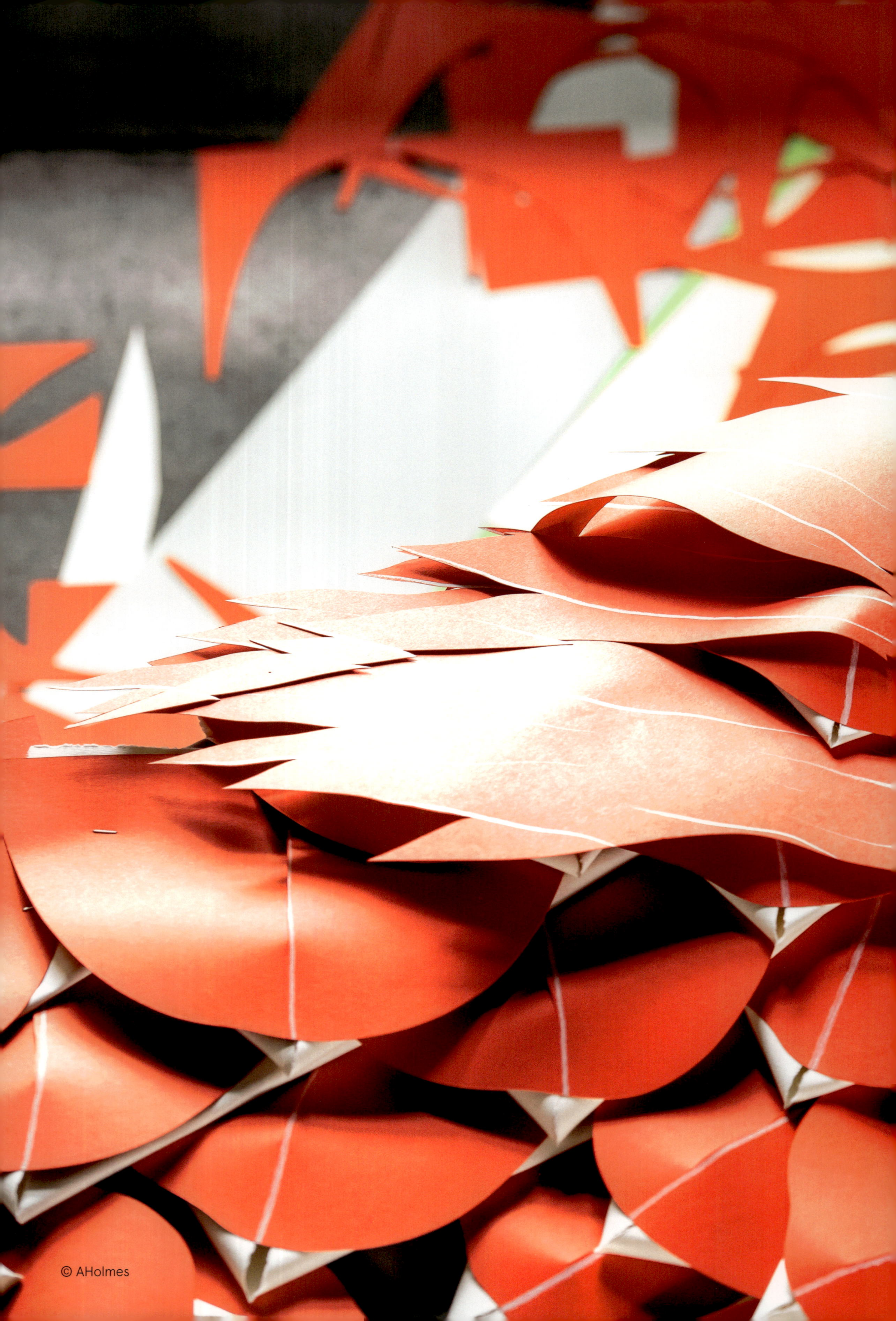

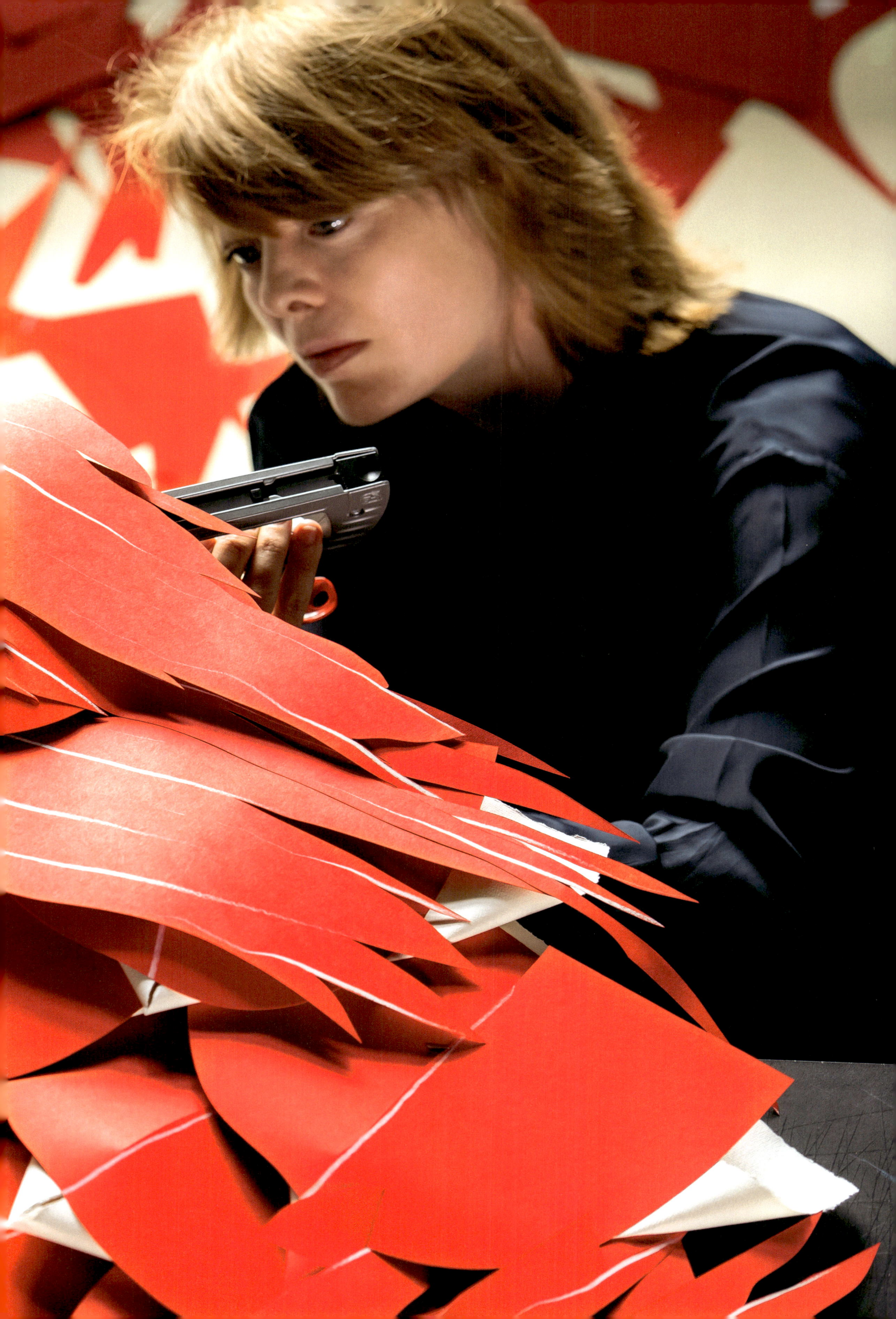

Rhythm (5), 2022
Ahşap üzerine kâğıt üzerine yağlı boya kalemi, mürekkep, kurşunkalem, çerçeveli | Oil crayon, ink, graphite on paper on wood, framed
57 x 57 x 26.4 cm

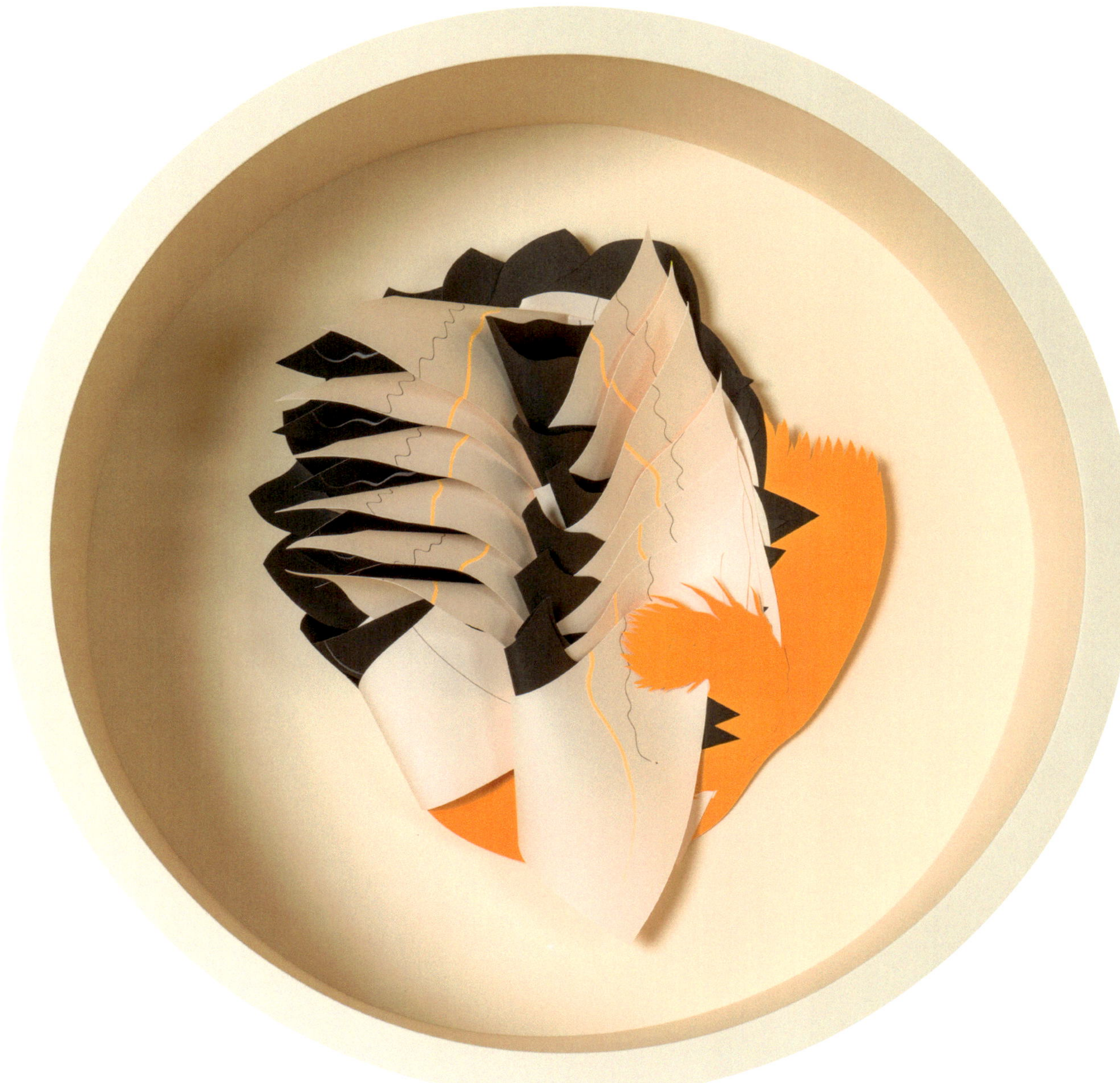

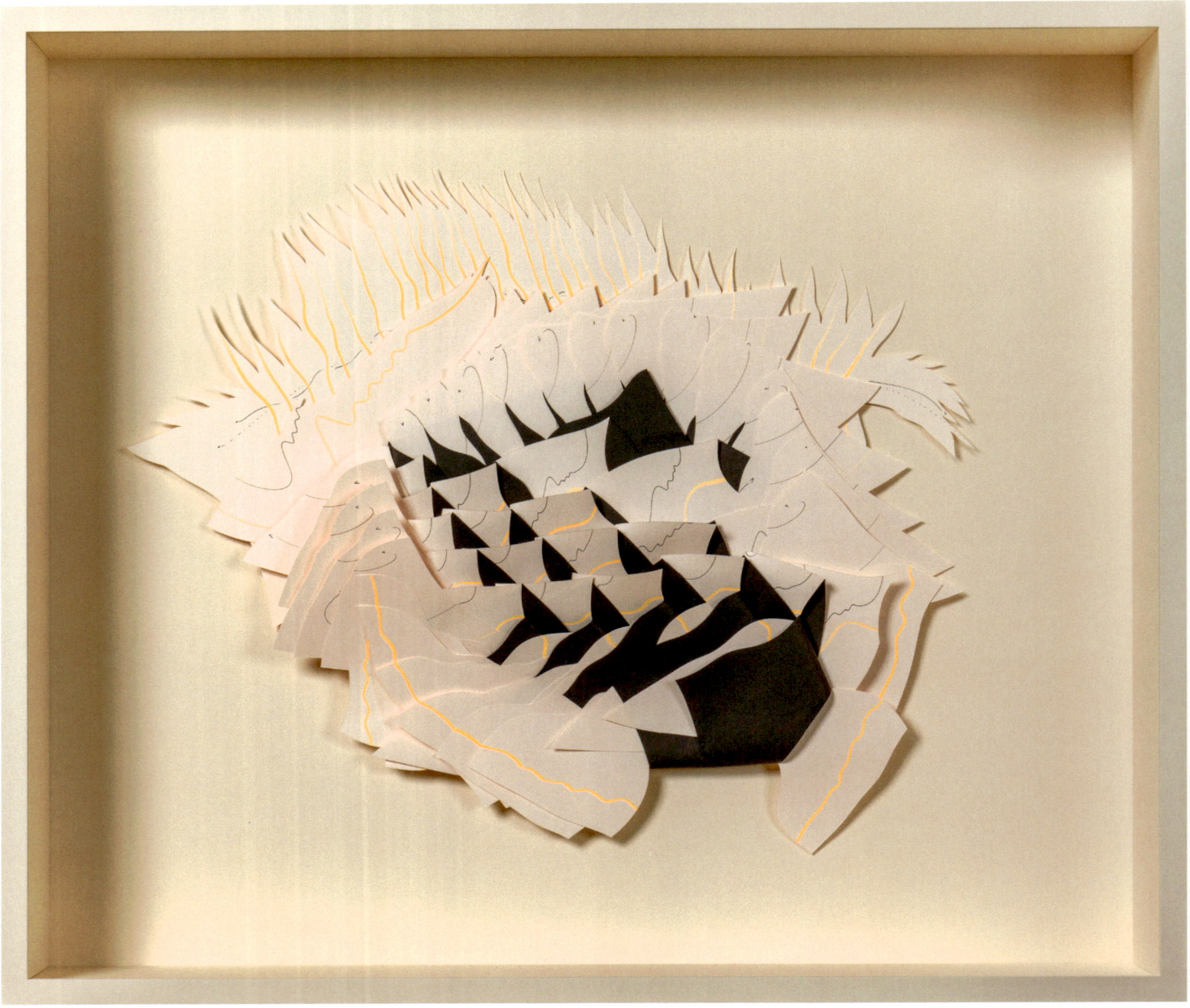

Rhythm (3), 2022
Ahşap üzerine kâğıt üzerine yağlı boya kalemi, mürekkep, kurşunkalem, çerçeveli |
Oil crayon, ink, graphite on paper on wood, framed
75.1 x 86 x 15.6 cm

Rhythm (7), 2022
Ahşap üzerine kâğıt üzerine kurşunkalem, çerçeveli | Graphite on paper on wood, framed
84.2 x 74.1 x 14.6 cm

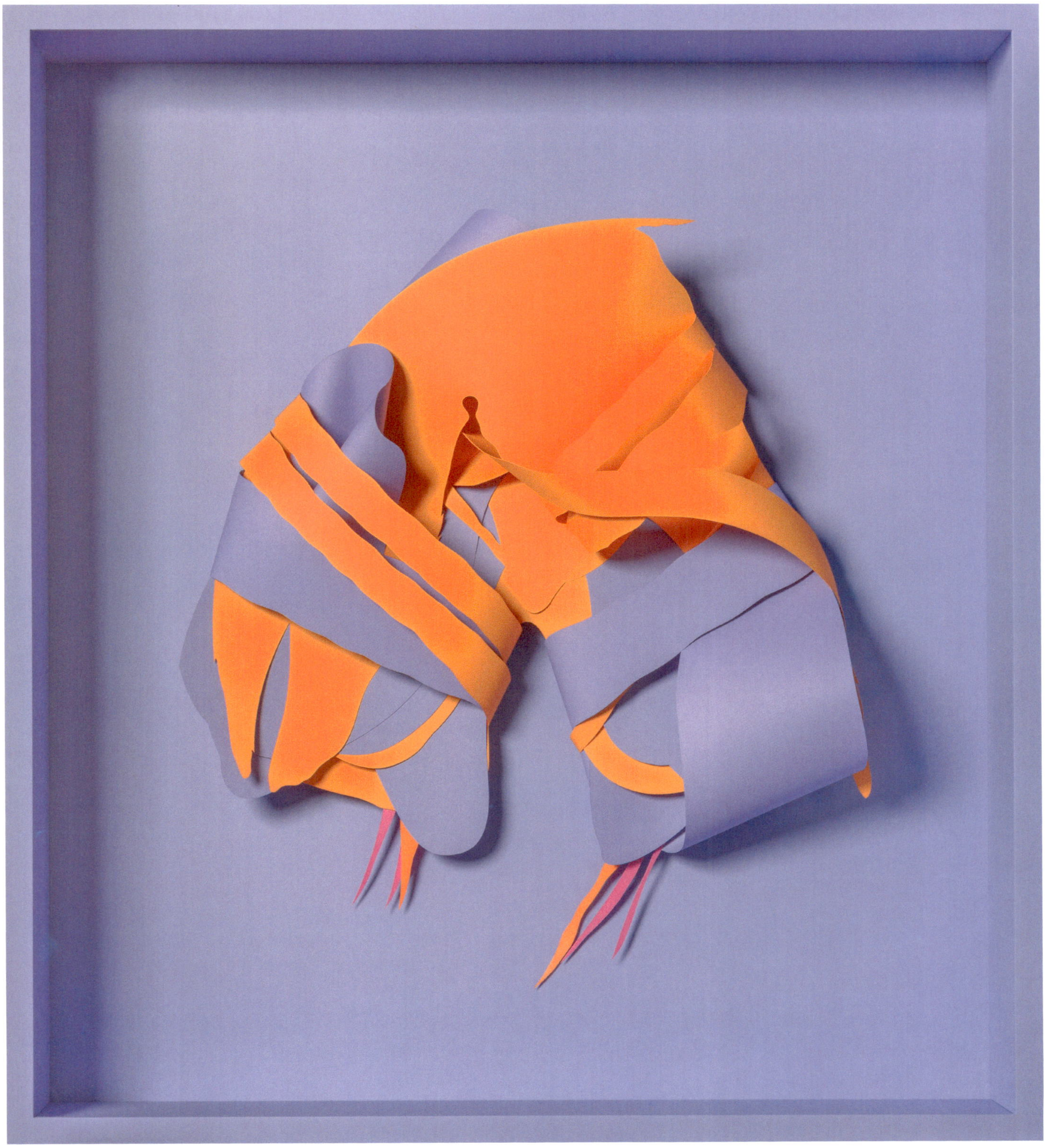

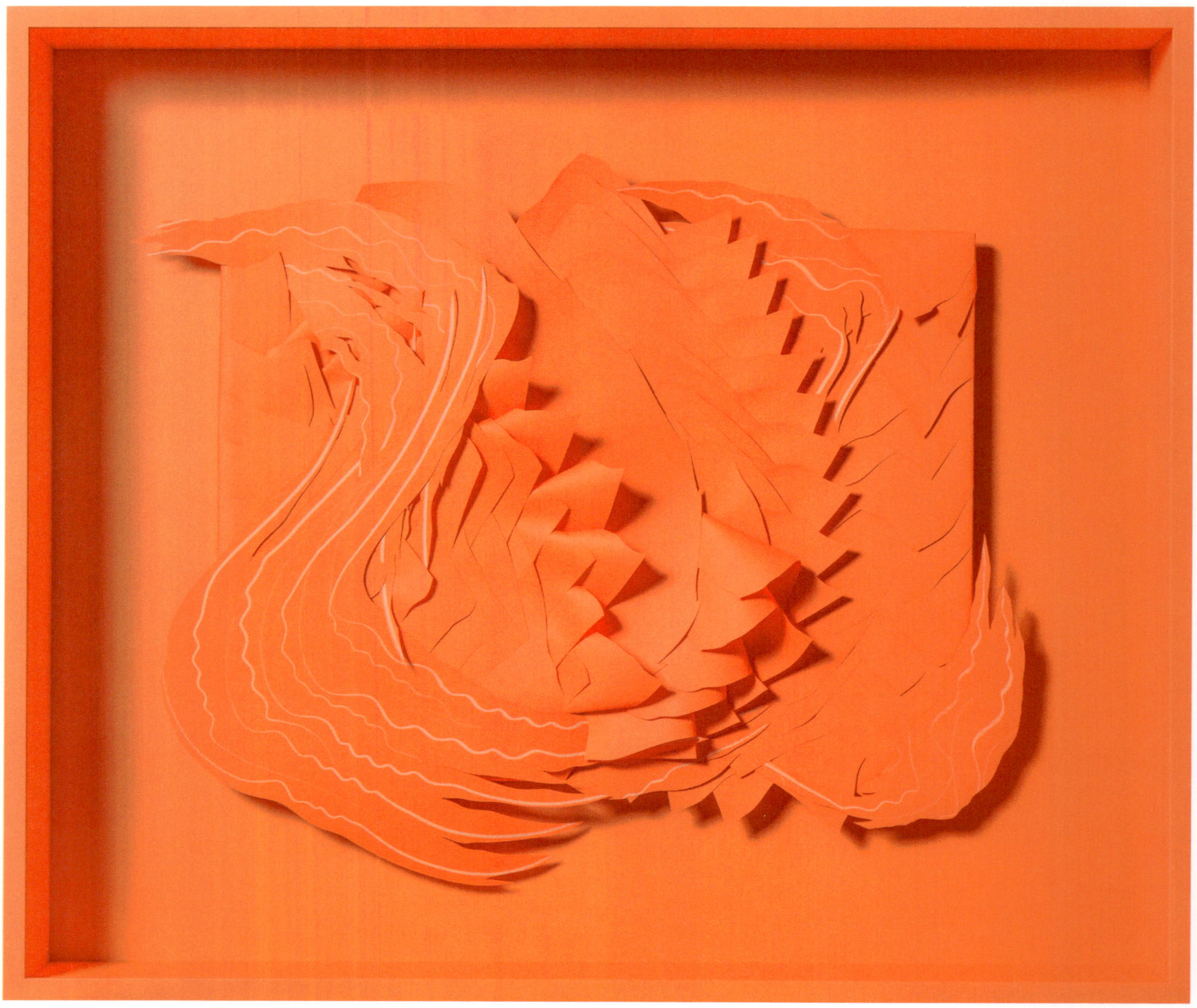

Red Rhythm (4), 2022
Ahşap üzerine kâğıt üzerine yağlı boya kalemi, kurşunkalem, çerçeveli | Oil crayon, graphite on paper on wood, framed
91.7 x 105.5 x 15.6 cm

Rhythm (6), 2022
Ahşap üzerine kâğıt üzerine yağlı boya kalemi, mürekkep, kurşunkalem, çerçeveli |
Oil crayon, ink, graphite on paper on wood, framed
82 x 74.1 x 15.6 cm

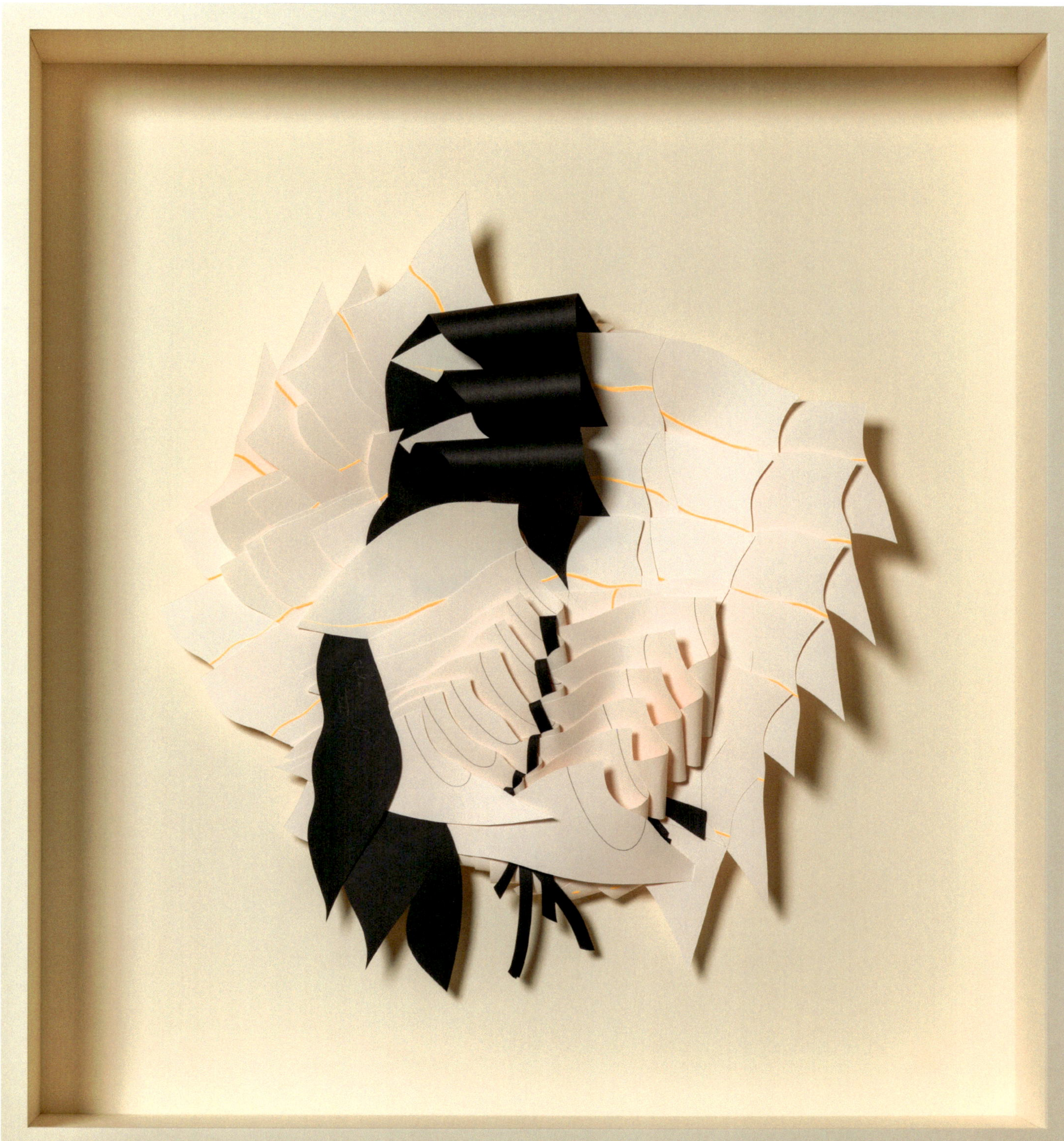

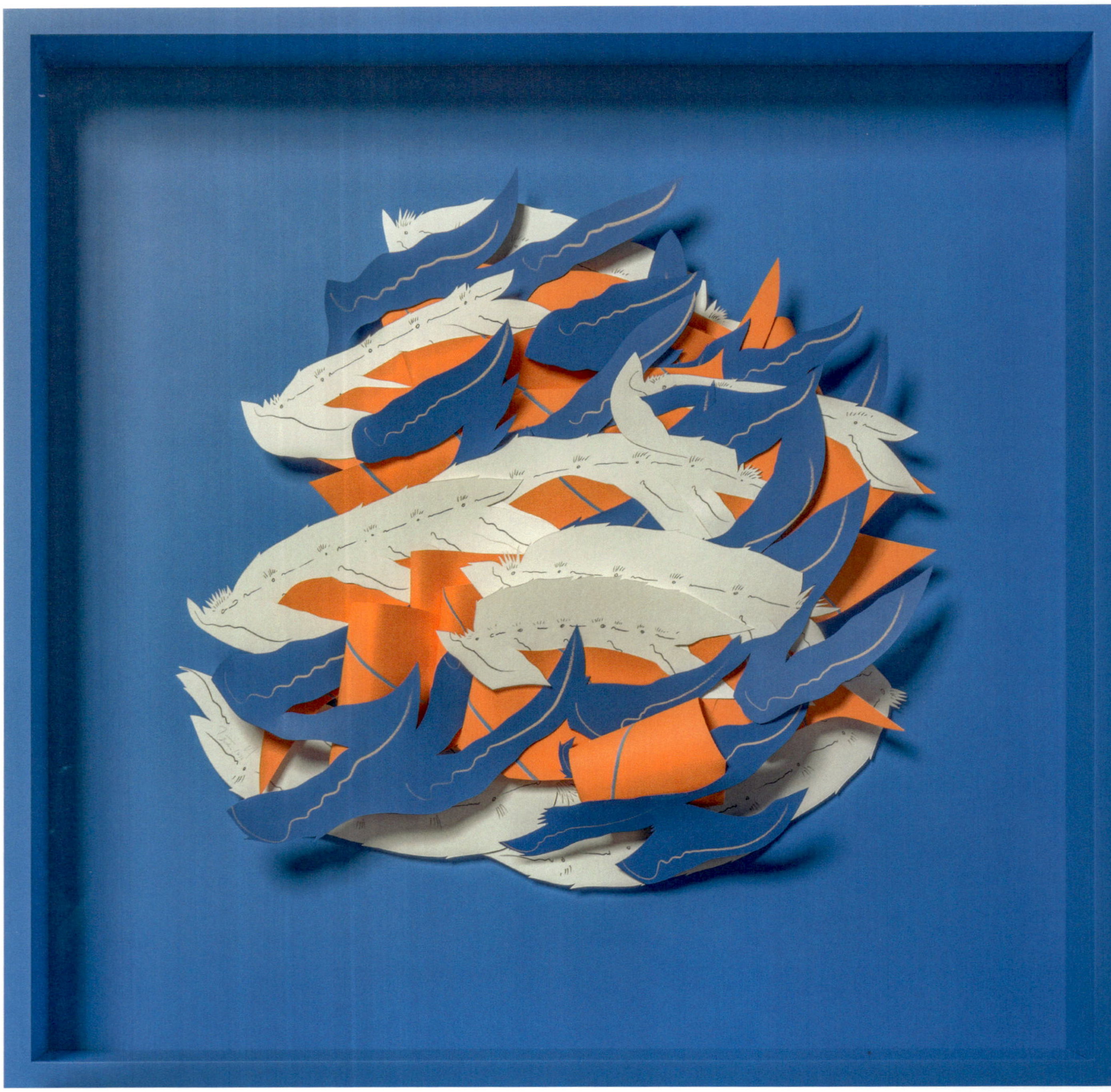

Rhythm (9), 2022
Ahşap üzerine kâğıt üzerine yağlı boya kalemi, kurşunkalem, mürekkep, çerçeveli |
Oil crayon, graphite, ink on paper on wood, framed
79.5 x 79.5 x 15.6 cm

Red Rhythm (3), 2022
Ahşap üzerine kâğıt üzerine kurşunkalem, çerçeveli | Graphite on paper on wood, framed
56.8 x 56.8 x 18.3 cm

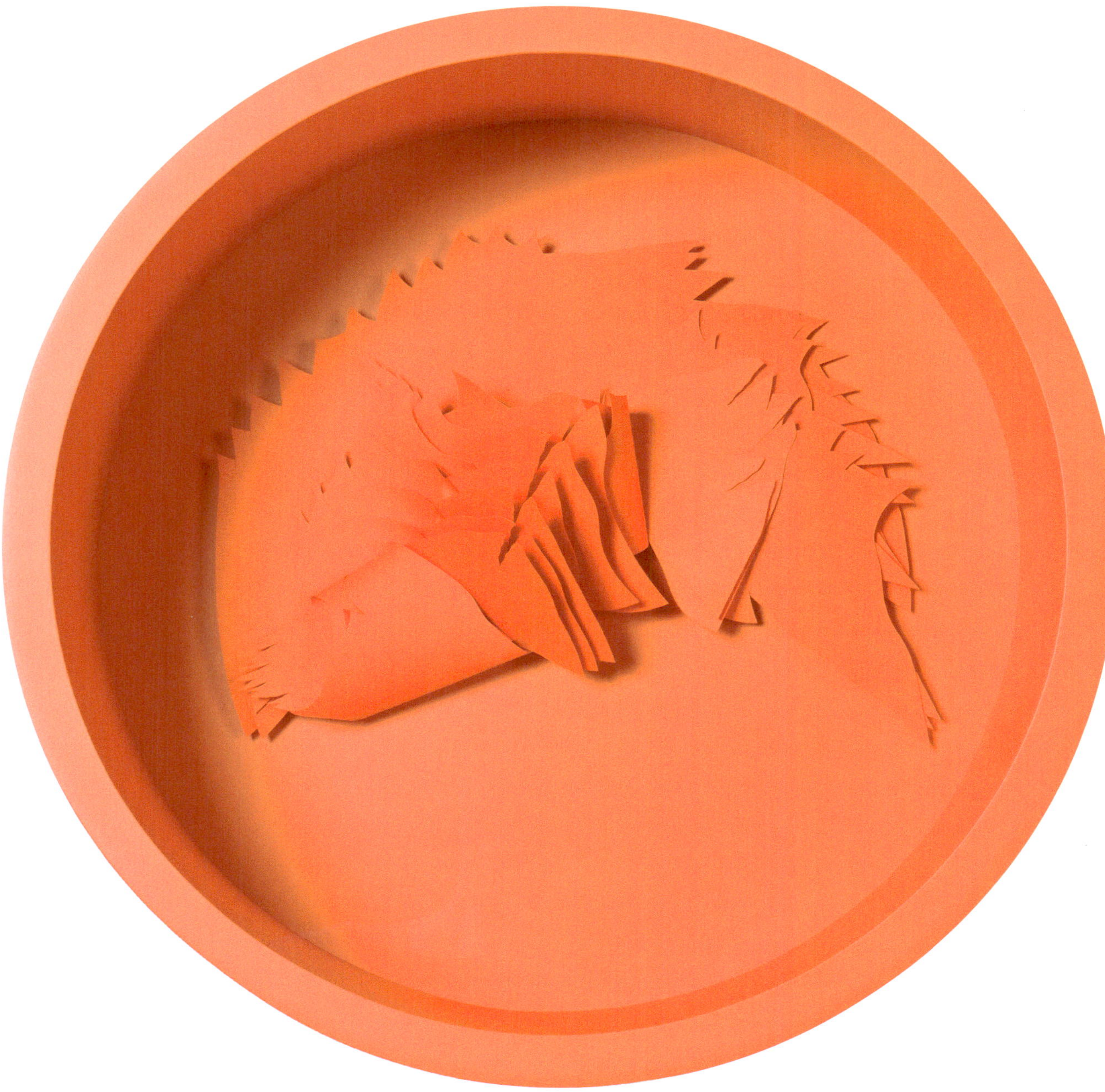

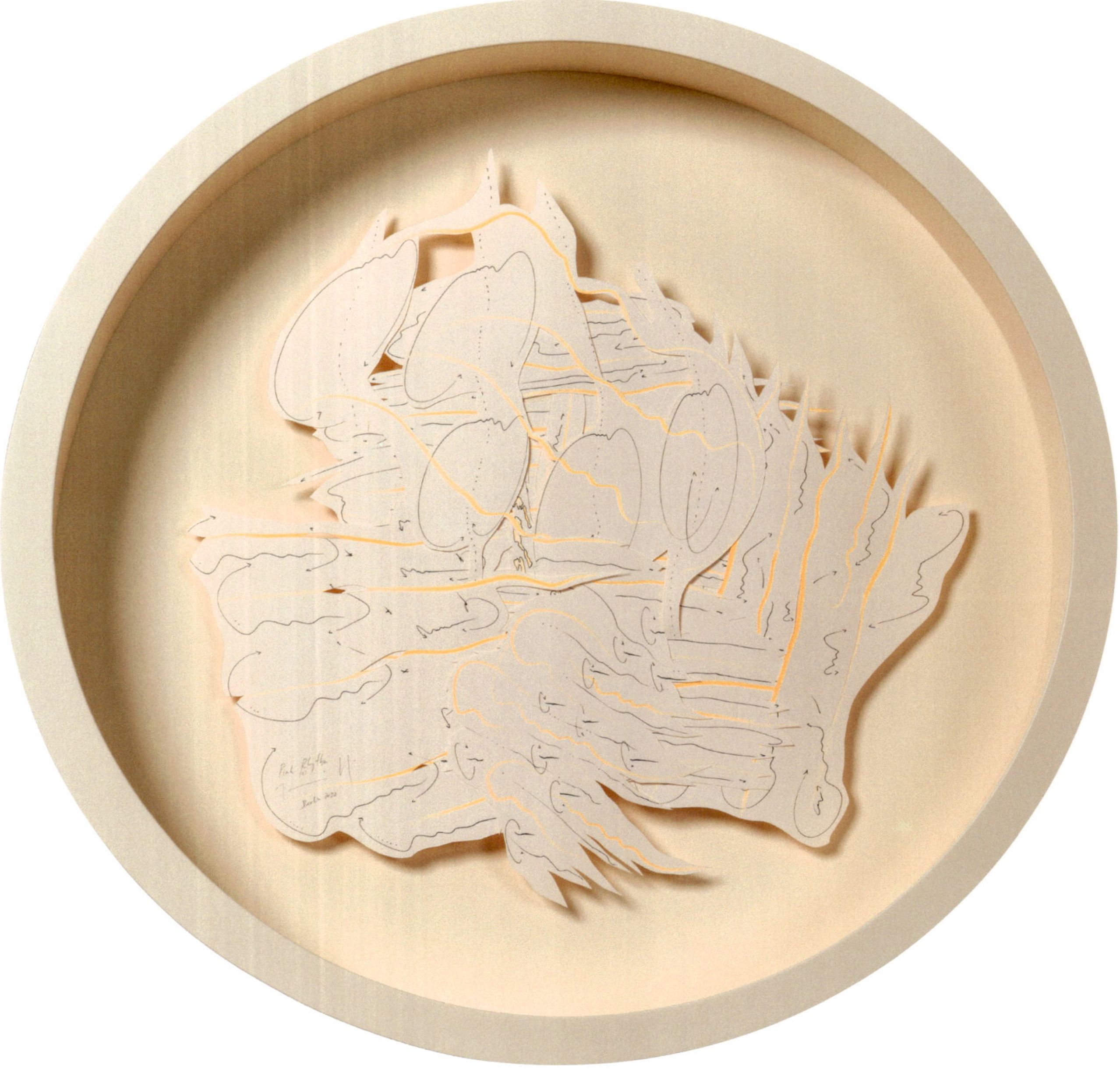

Pink Rhythm (2), 2022
Ahşap üzerine kâğıt üzerine yağlı boya kalemi, mürekkep, kurşunkalem, çerçeveli |
Oil crayon, ink, graphite on paper on wood, framed
56.8 x 56.8 x 13.5 cm

Rhythm (4), 2022
Ahşap üzerine kâğıt üzerine yağlı boya kalemi, kurşunkalem, çerçeveli | Oil crayon, graphite on paper on wood, framed
67 x 67 x 22.5 cm

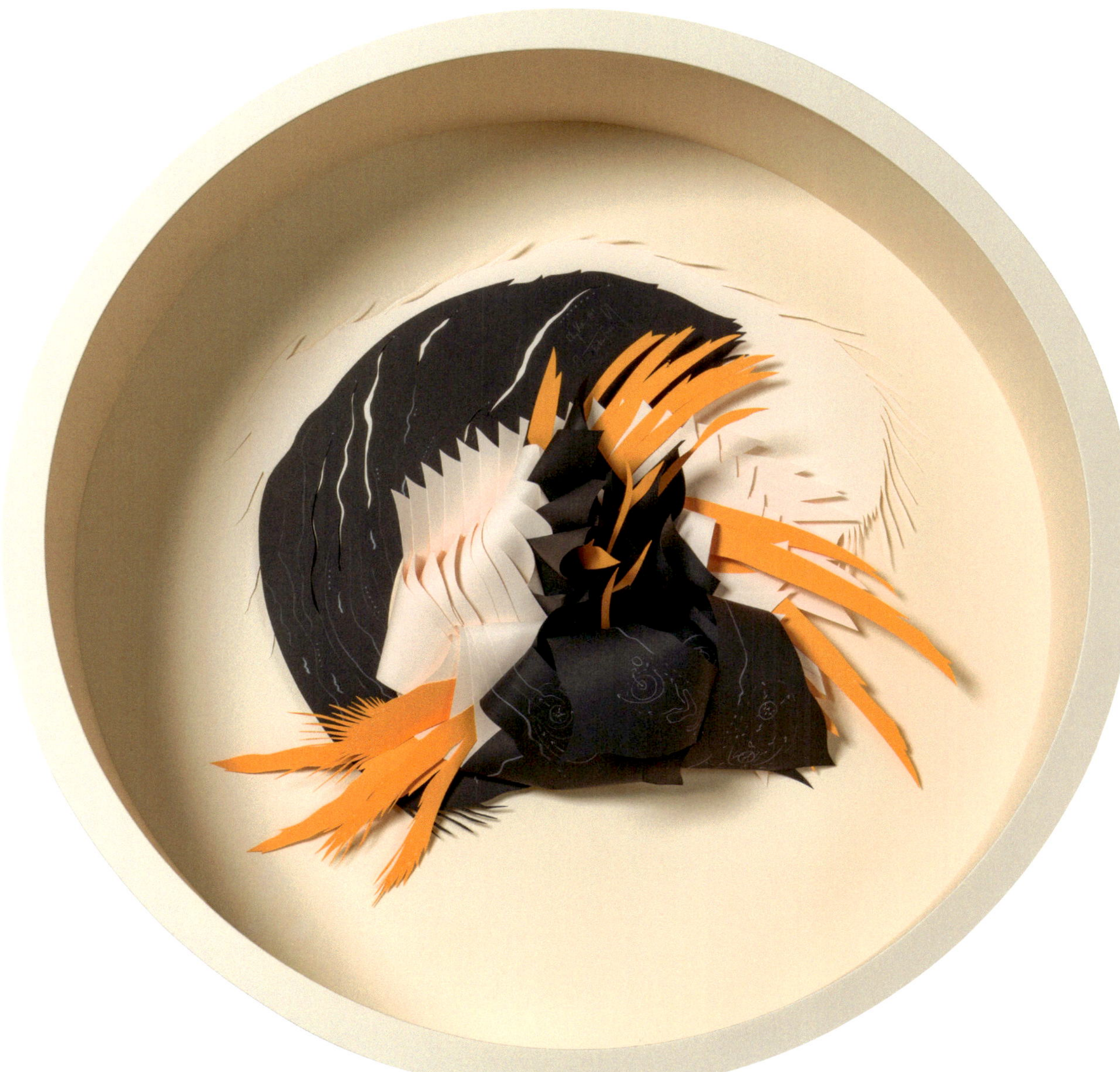

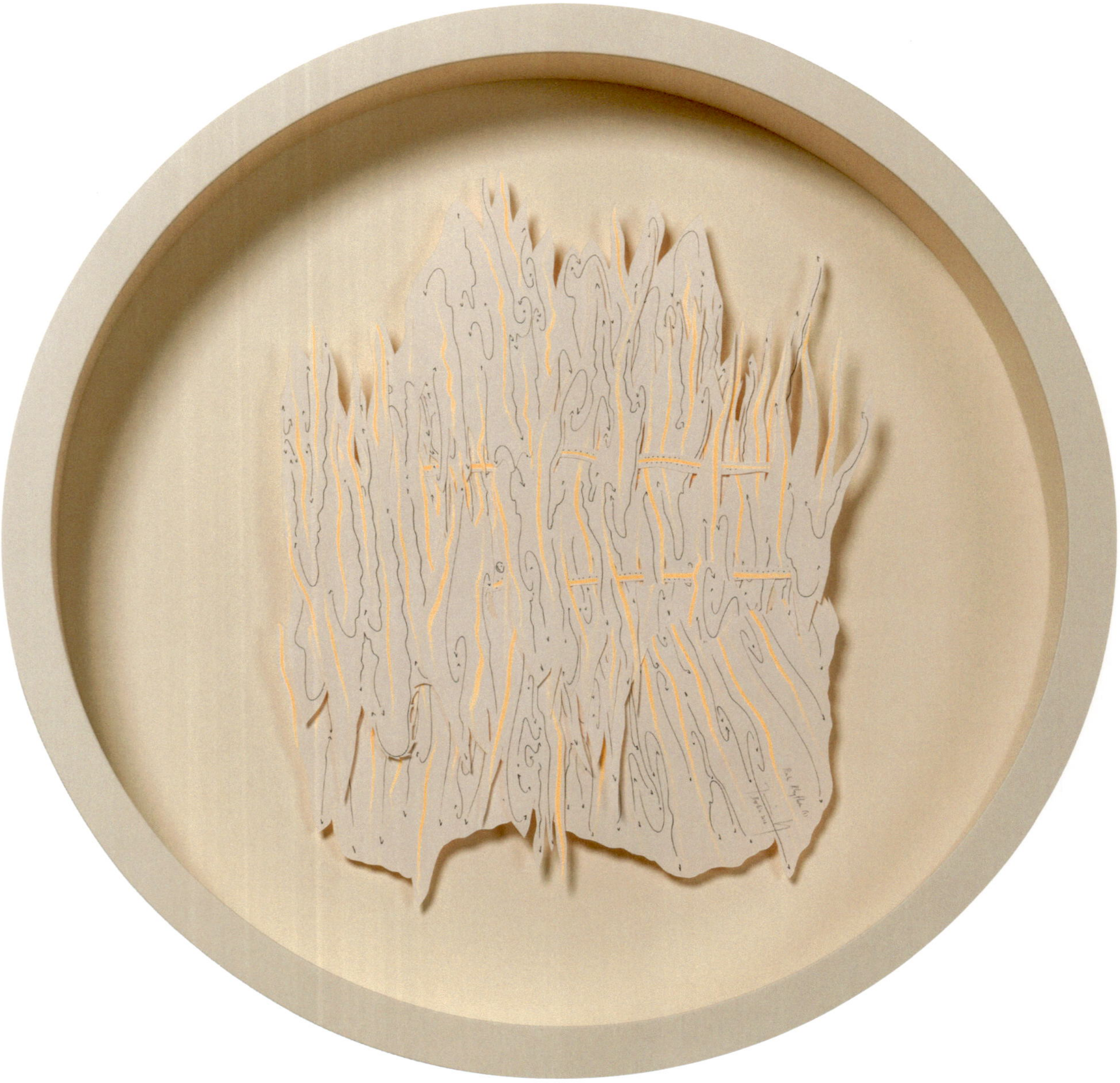

Pink Rhythm (3), 2022
Ahşap üzerine kâğıt üzerine yağlı boya kalemi, mürekkep, kurşunkalem, çerçeveli |
Oil crayon, ink, graphite on paper on wood, framed
57 x 57 x 13.5 cm

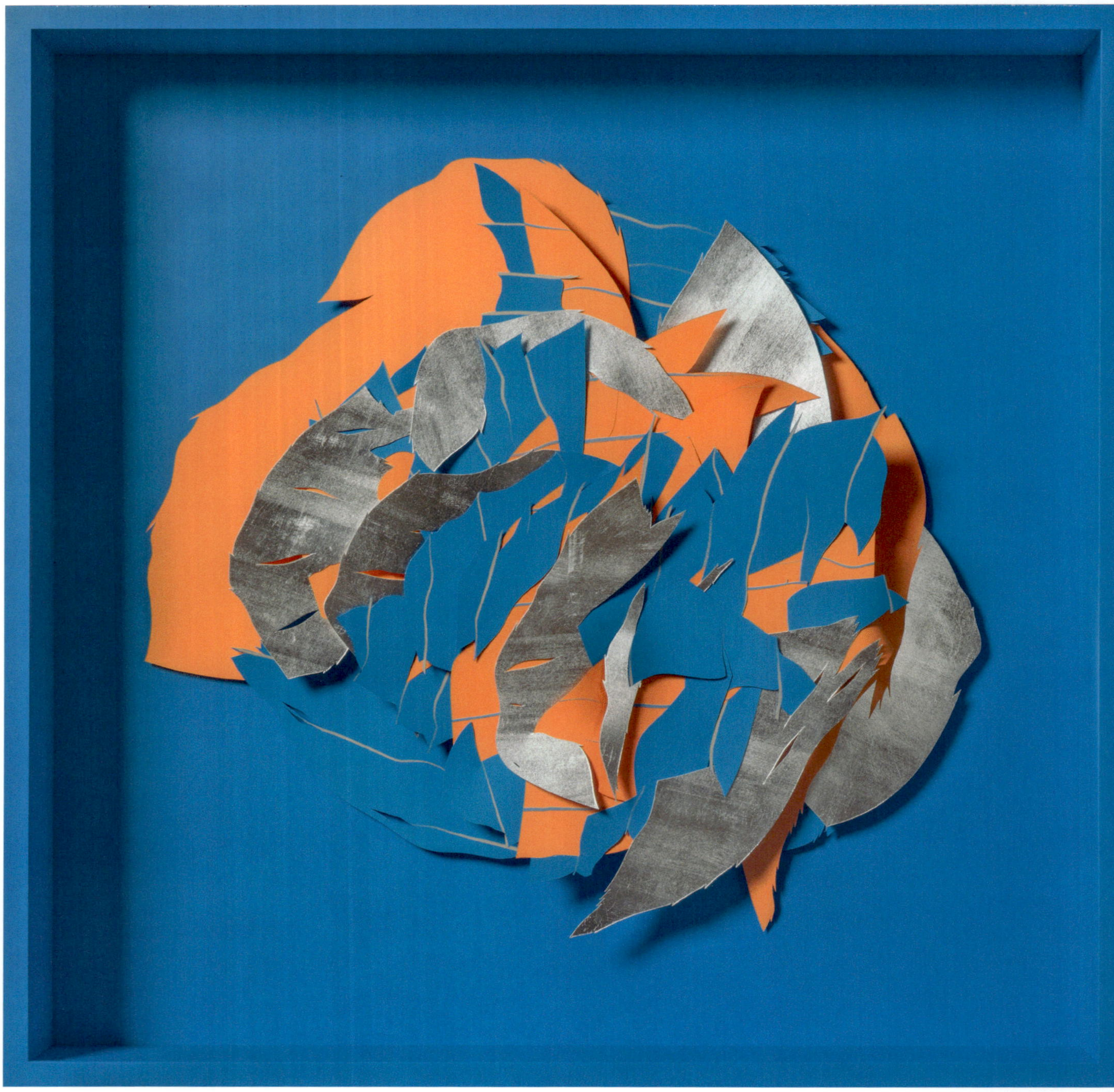

Rhythm (10), 2022
Ahşap üzerine kâğıt üzerine yağlı boya kalemi, kurşunkalem, alüminyum varak, çerçeveli |
Oil crayon, graphite, aluminium leaf on paper on wood, framed
86.1 x 86.1 x 15.6 cm

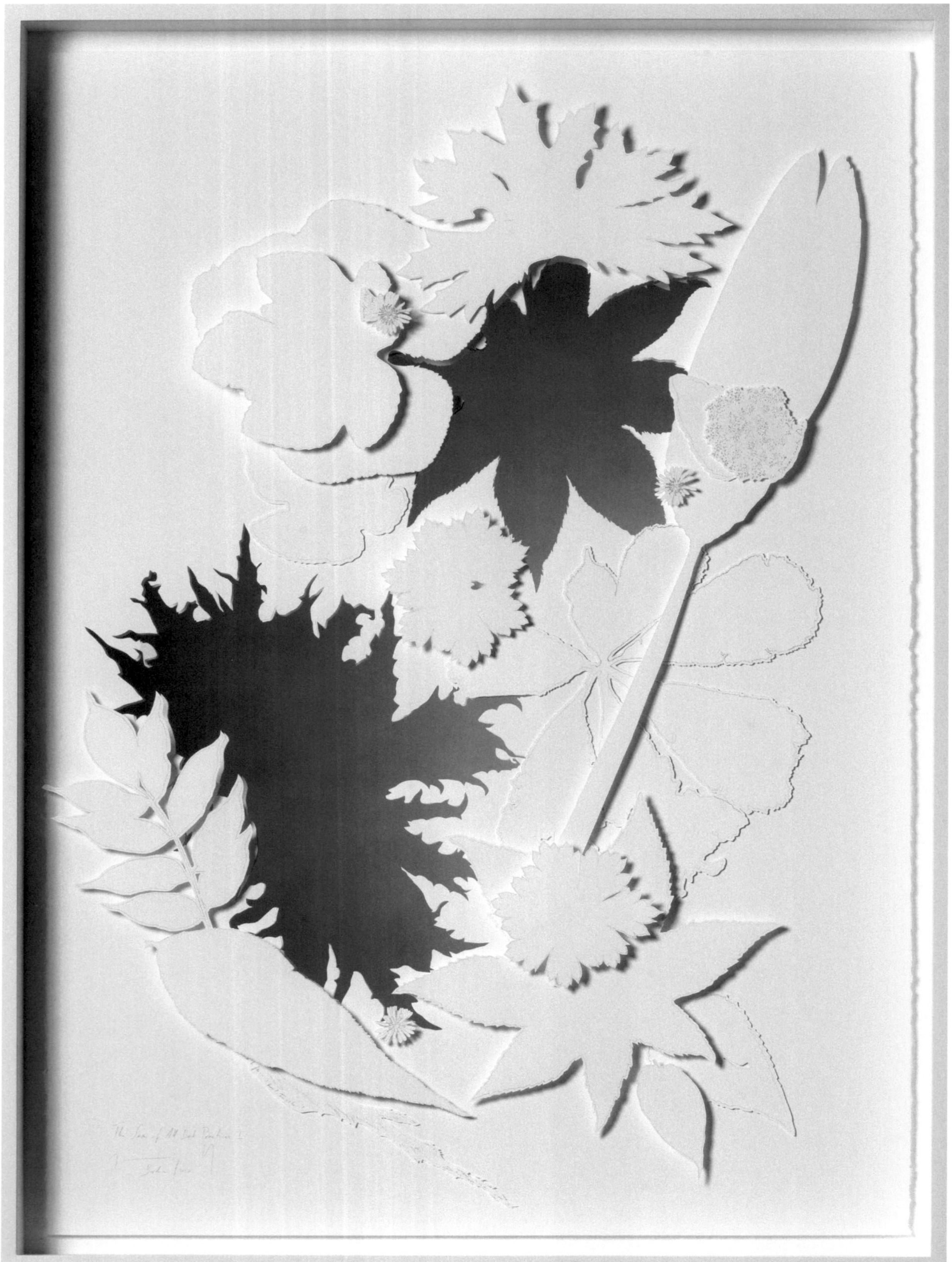

The Sum of All Best Practices I, 2021
Kâğıt üzerine kurşunkalem, kolaj, aynalı cam üzerine yerleştirilmiş, özgün, imzalı |
Graphite on paper, collage, mounted on mirror glass, unique, signed
106 x 77 x 9 cm

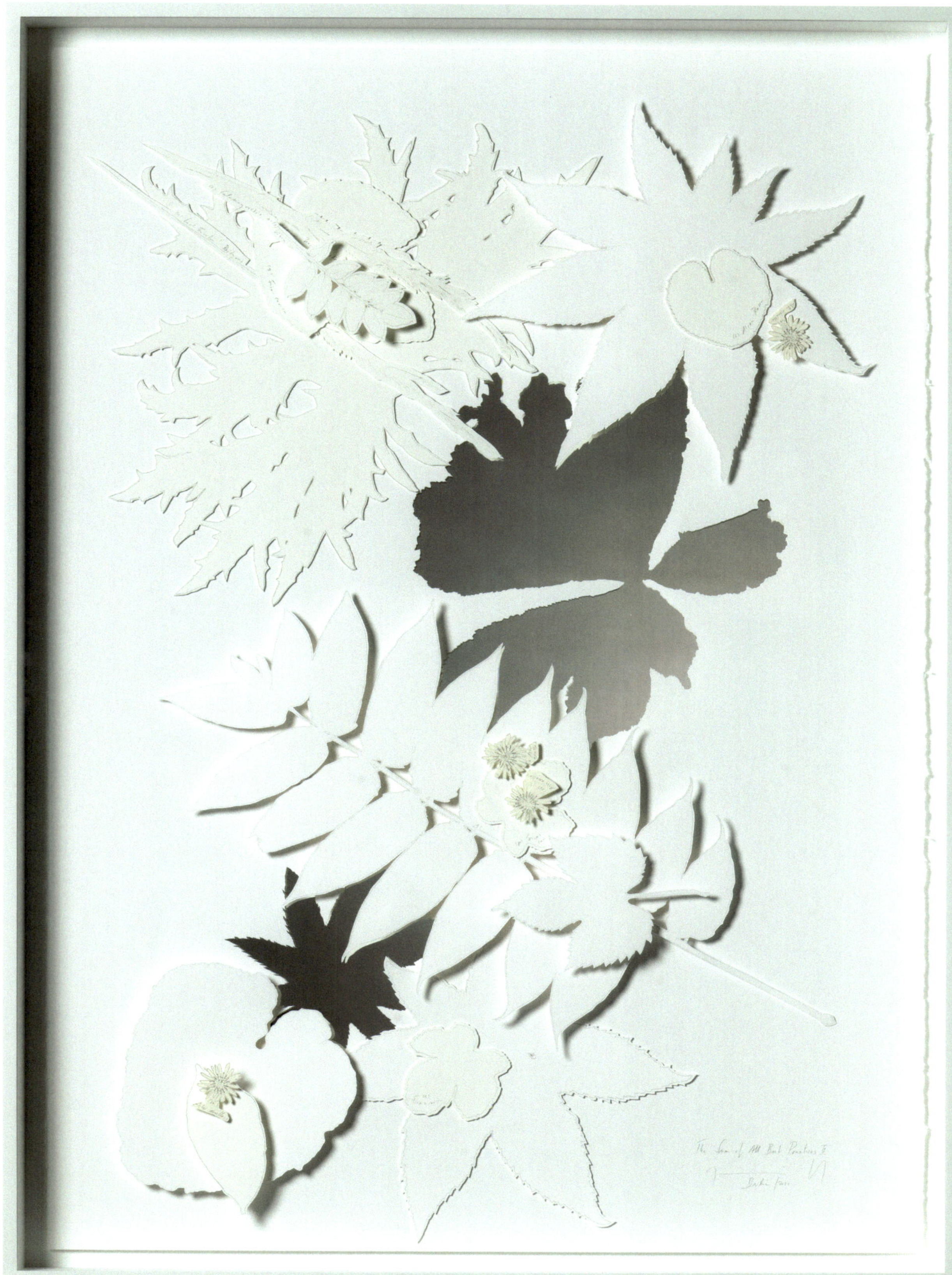

The Sum of All Best Practices II, 2021
Kâğıt üzerine kurşunkalem, kolaj, aynalı cam üzerine yerleştirilmiş, özgün, imzalı |
Graphite on paper, collage, mounted on mirror glass, unique, signed
106 x 77 x 9 cm

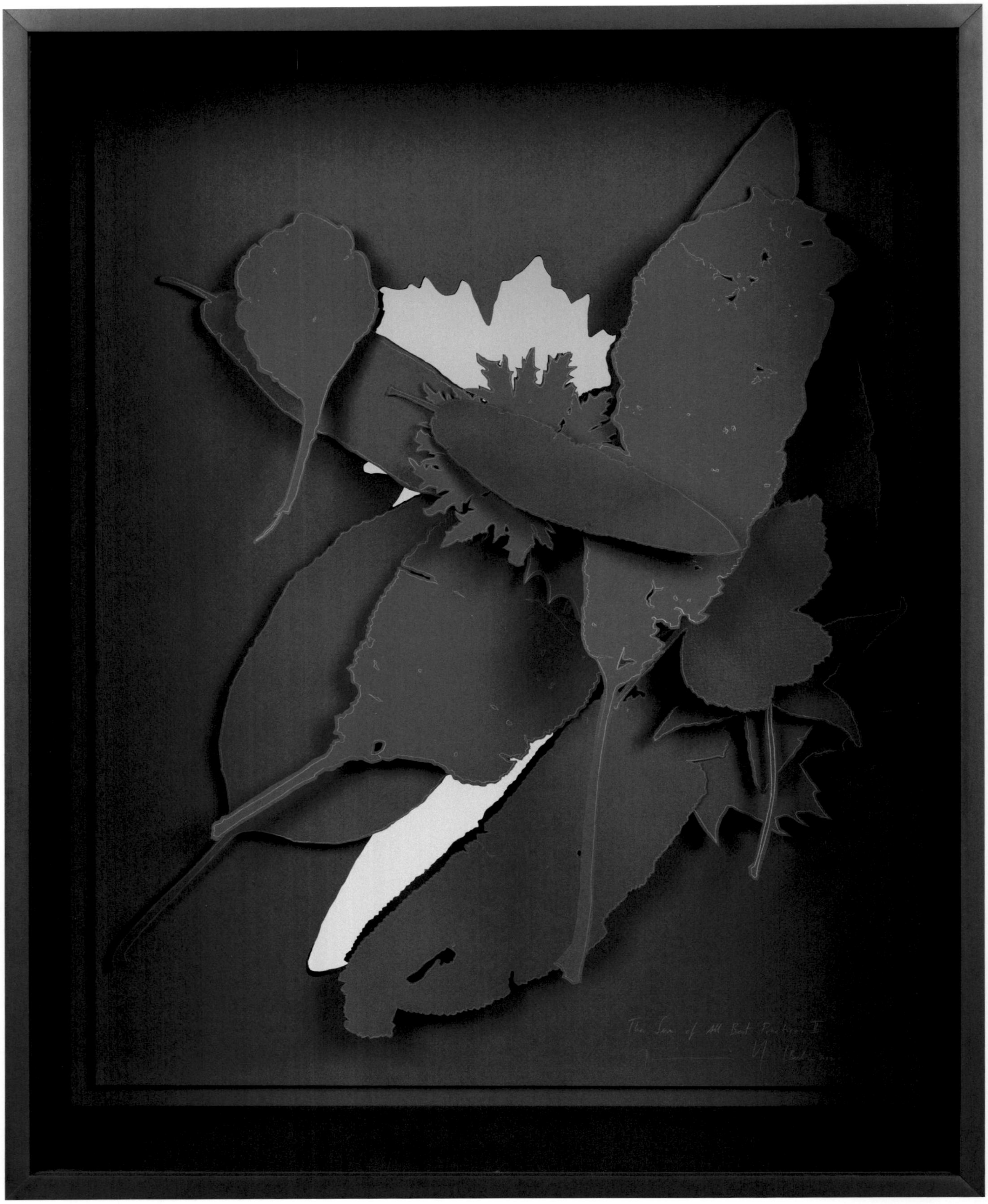

The Sum of All Best Practices II, 2022
Kâğıt üzerine kurşunkalem, kolaj, aynalı cam üzerine yerleştirilmiş, özgün, imzalı | Graphite on paper, collage, mounted on mirror glass, unique, signed
71 x 57 x 22 cm

The Sum of All Best Practices VI, 2022 [sayfa | page 76]
Kâğıt üzerine kurşunkalem, kolaj, aynalı cam üzerine yerleştirilmiş, özgün, imzalı | Graphite on paper, collage, mounted on mirror glass, unique, signed
71 x 57 x 22 cm

The Sum of All Best Practices VIII, 2022 [sayfa | page 77]
Kâğıt üzerine kurşunkalem, kolaj, aynalı cam üzerine yerleştirilmiş, özgün, imzalı | Graphite on paper, collage, mounted on mirror glass, unique, signed
71 x 57 x 20 cm

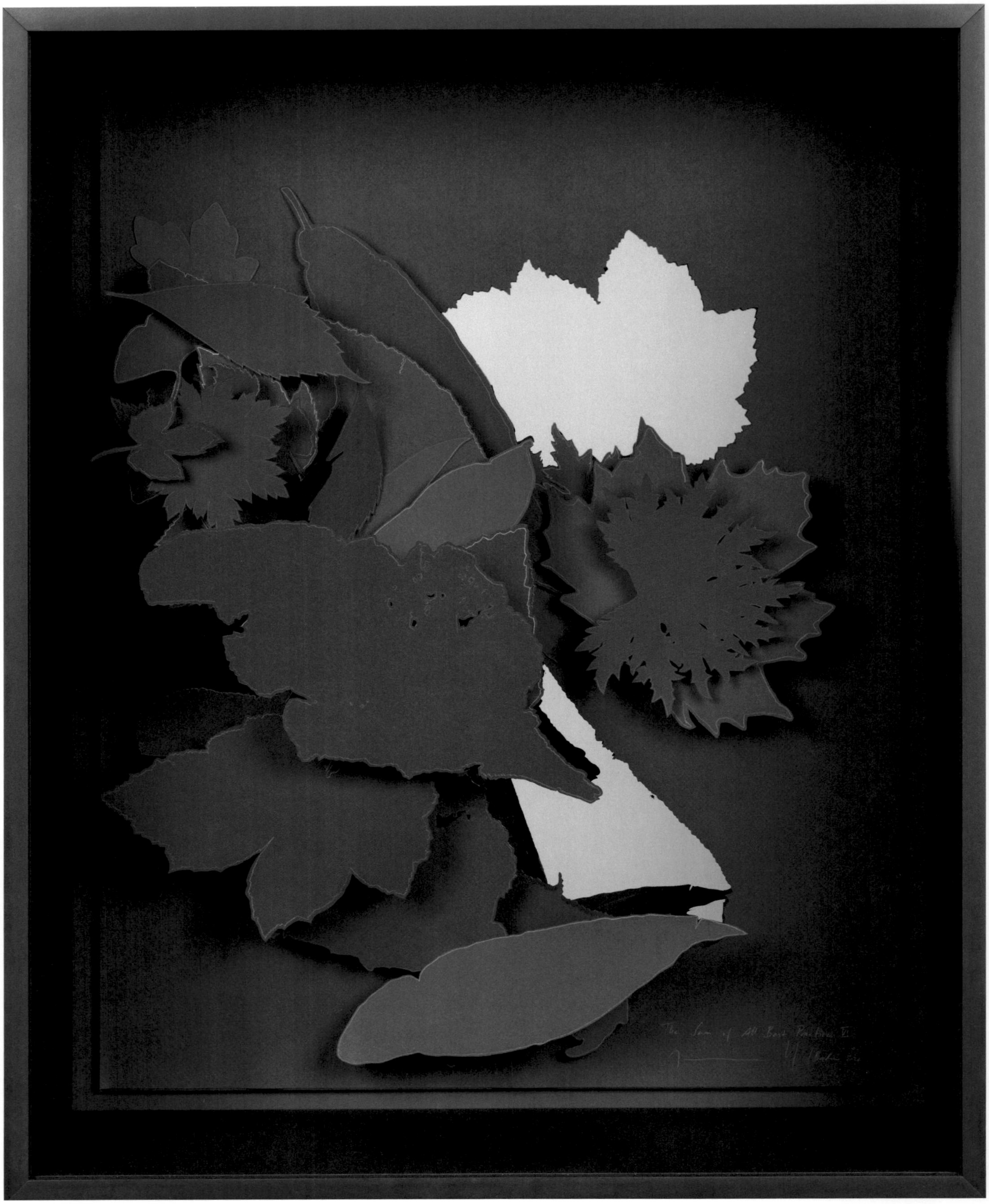

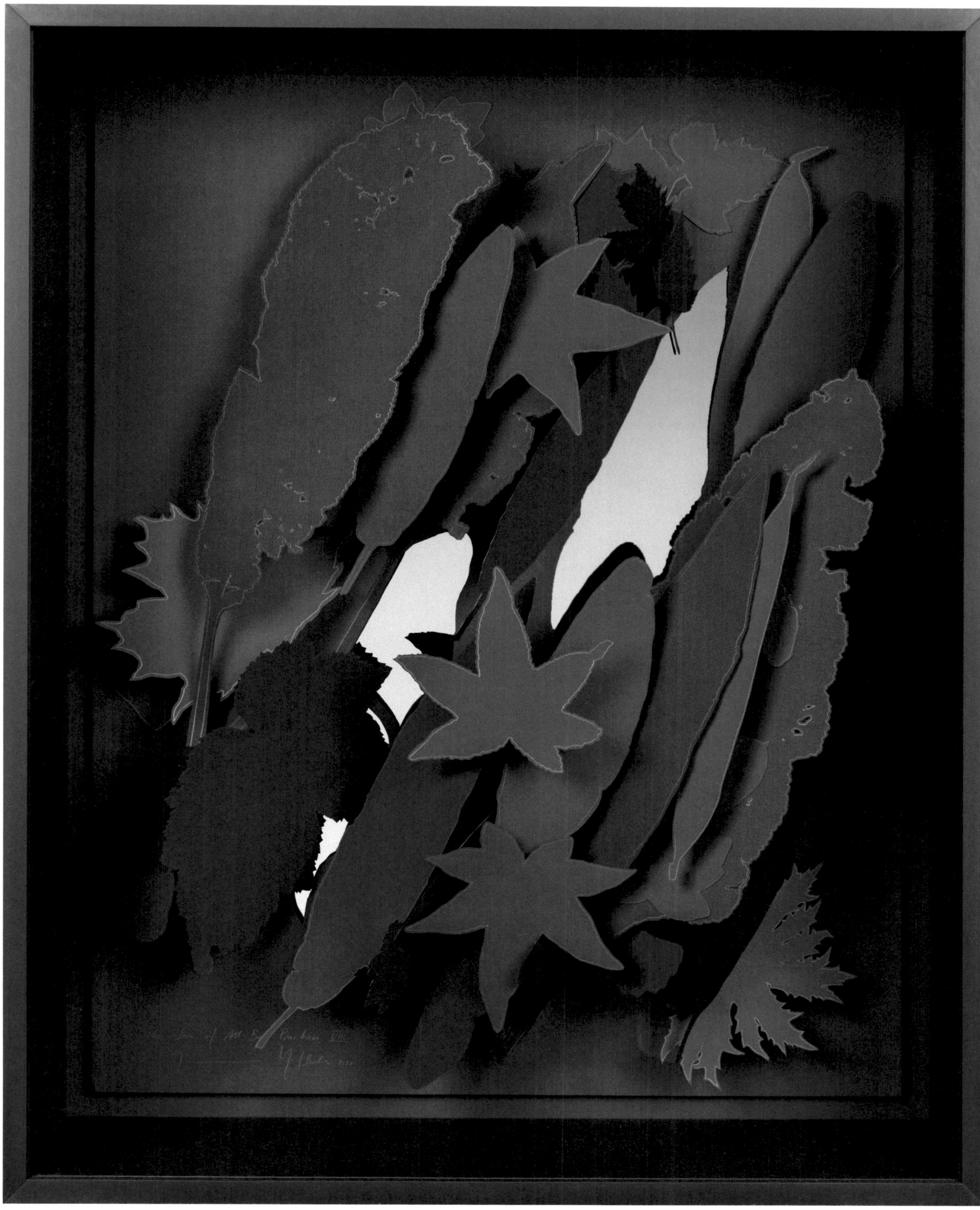

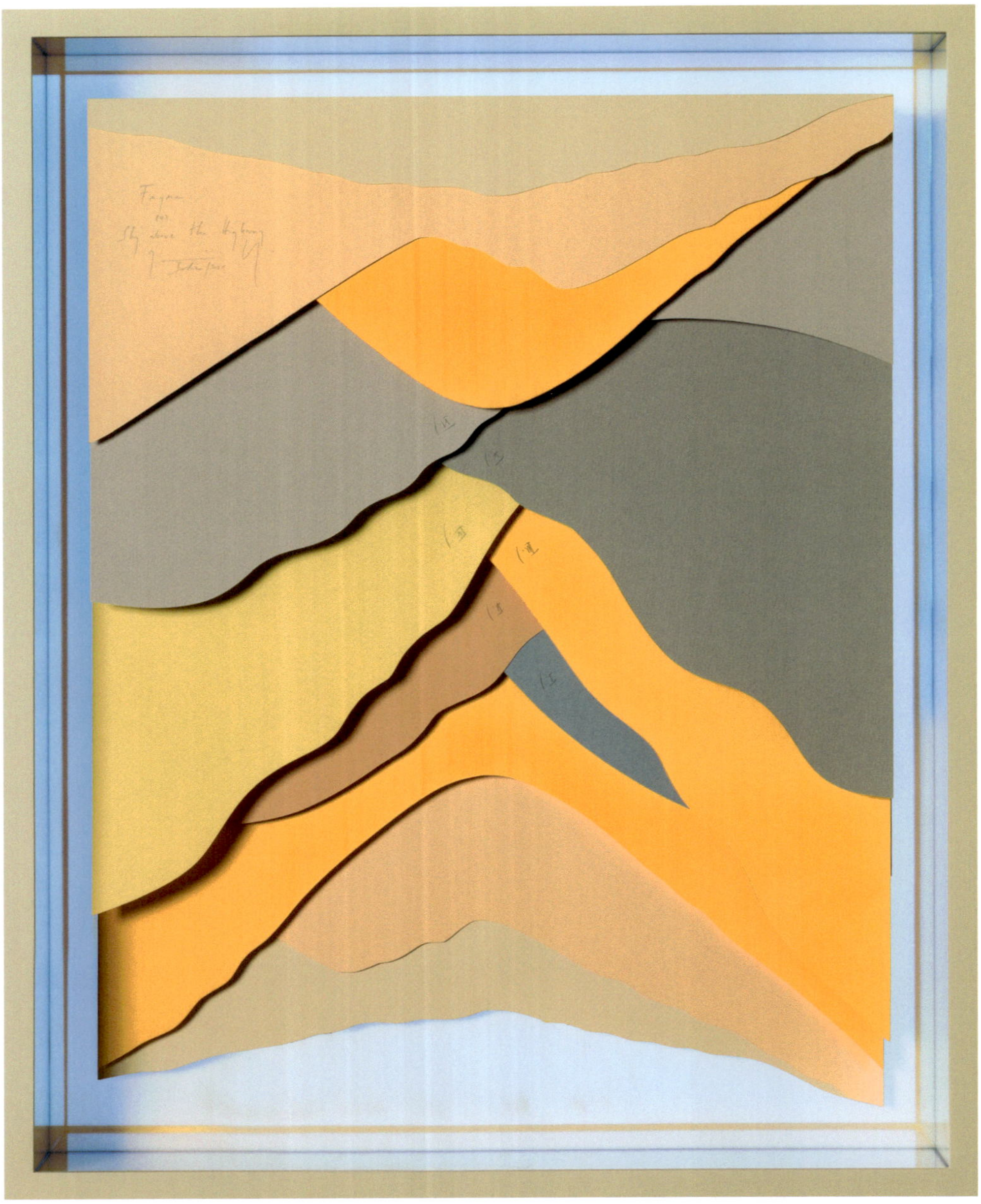

Fugue (4) (Sky Above the Highway), 2021
Kâğıt kolaj üzerine kurşunkalem, özgün, imzalı | Graphite on paper collage, unique, signed
59 x 47 x 9 cm

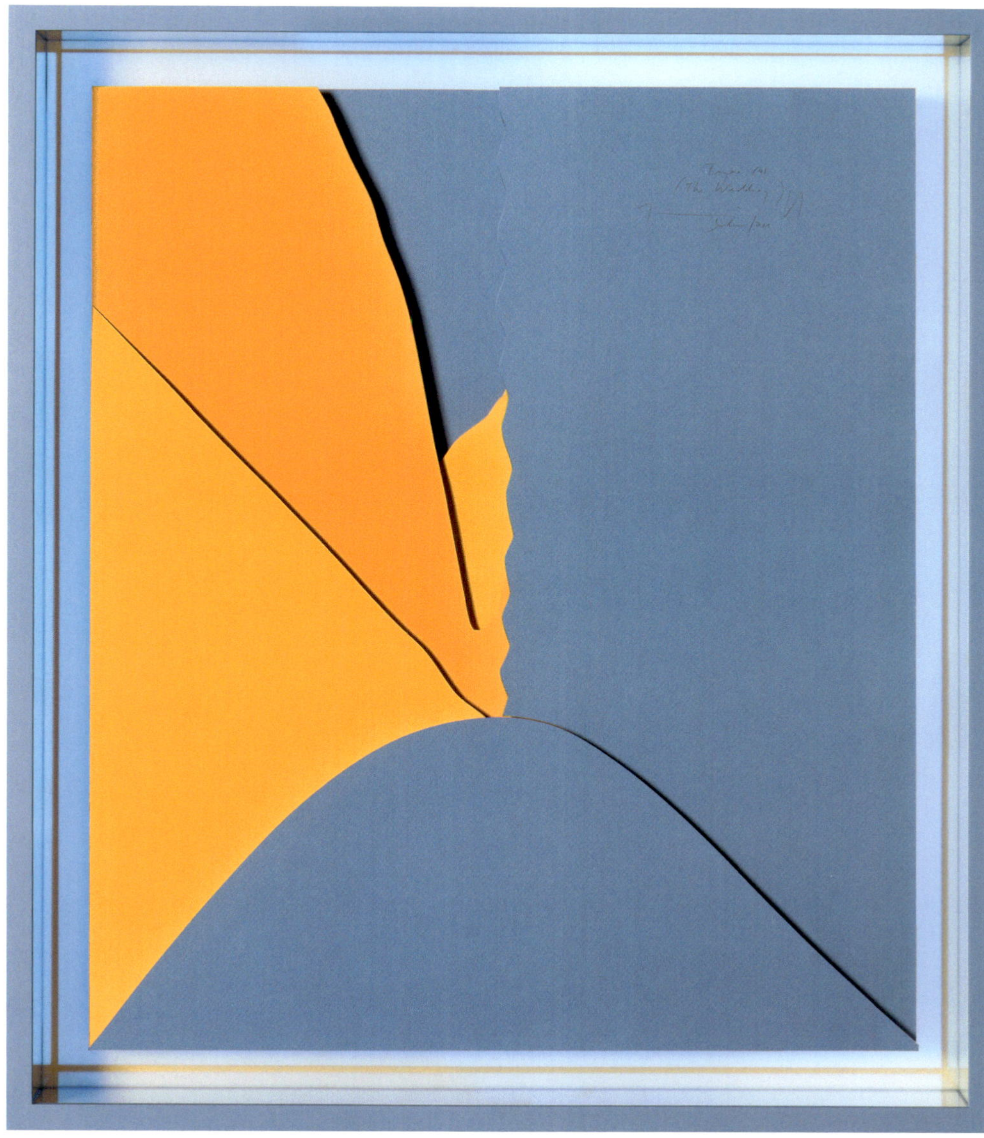

Fugue (4) (The Wedding), 2021
Kâğıt kolaj üzerine kurşunkalem, özgün, imzalı | Graphite on paper collage, unique, signed
60 x 51 x 8 cm

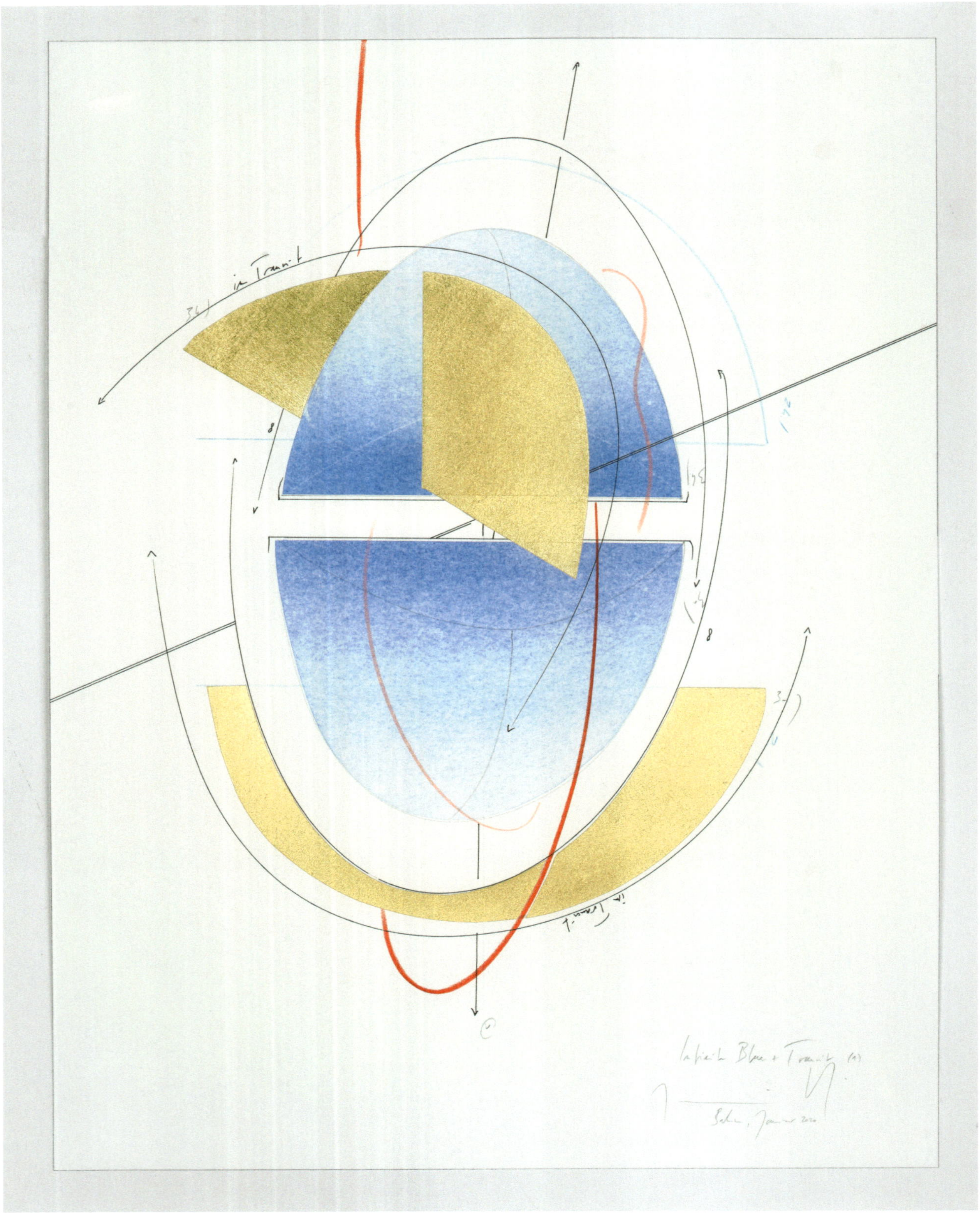

Infinite Blue + Transit (1), 2020
Kâğıt üzerine mürekkep, altın varak, pastel boya, katı yağlı boya çubuğu, kurşunkalem, özgün iş, imzalı I Ink, gold leaf, pastels, oil chalk, graphite on paper, unique work, signed
41 x 31 cm

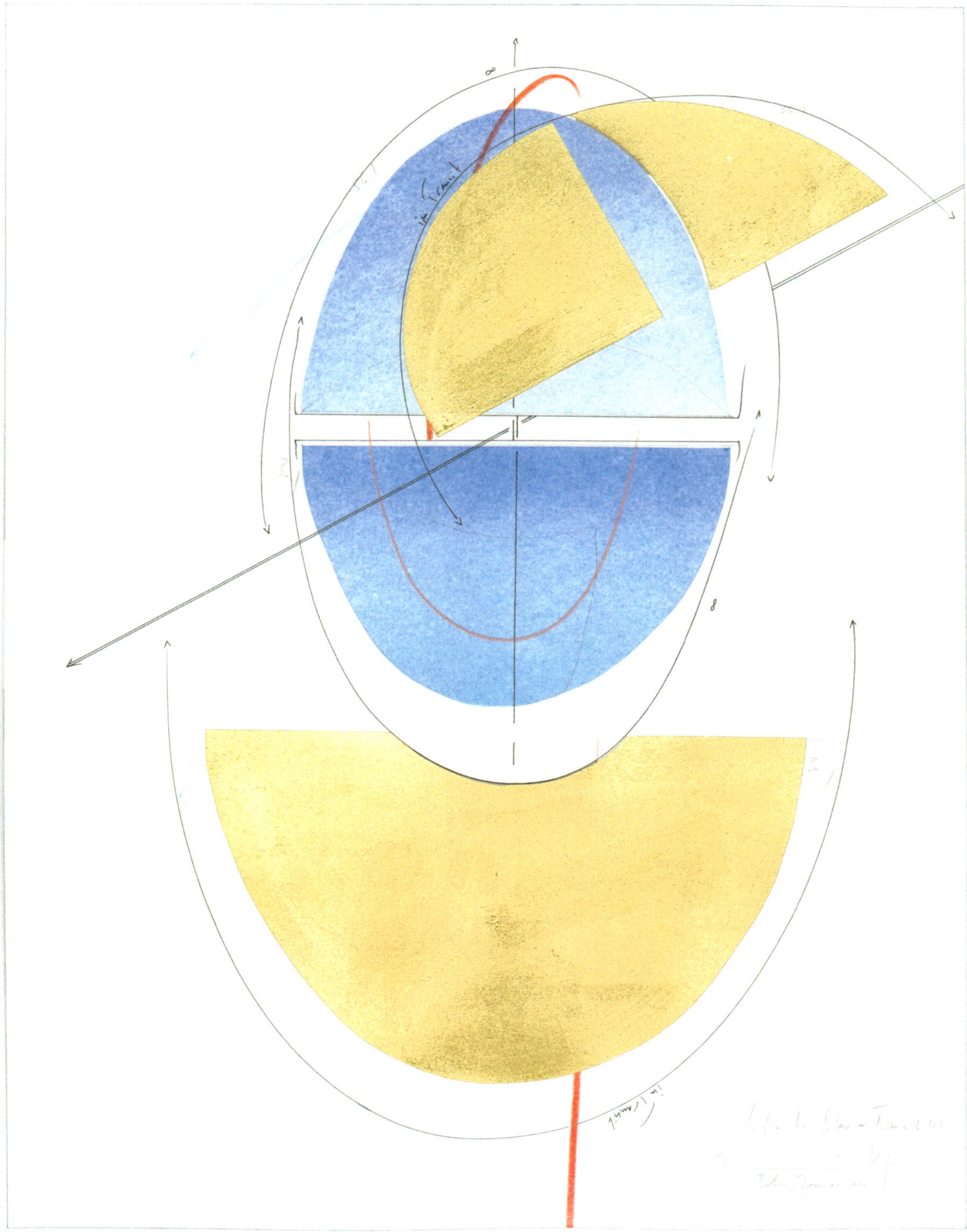

Infinite Blue + Transit (2), 2020
Kâğıt üzerine mürekkep, altın varak, pastel boya, katı yağlı boya çubuğu, kurşunkalem, özgün, imzalı | Ink, gold leaf, pastels, oil chalk, graphite on paper, unique work, signed
41 x 31 cm

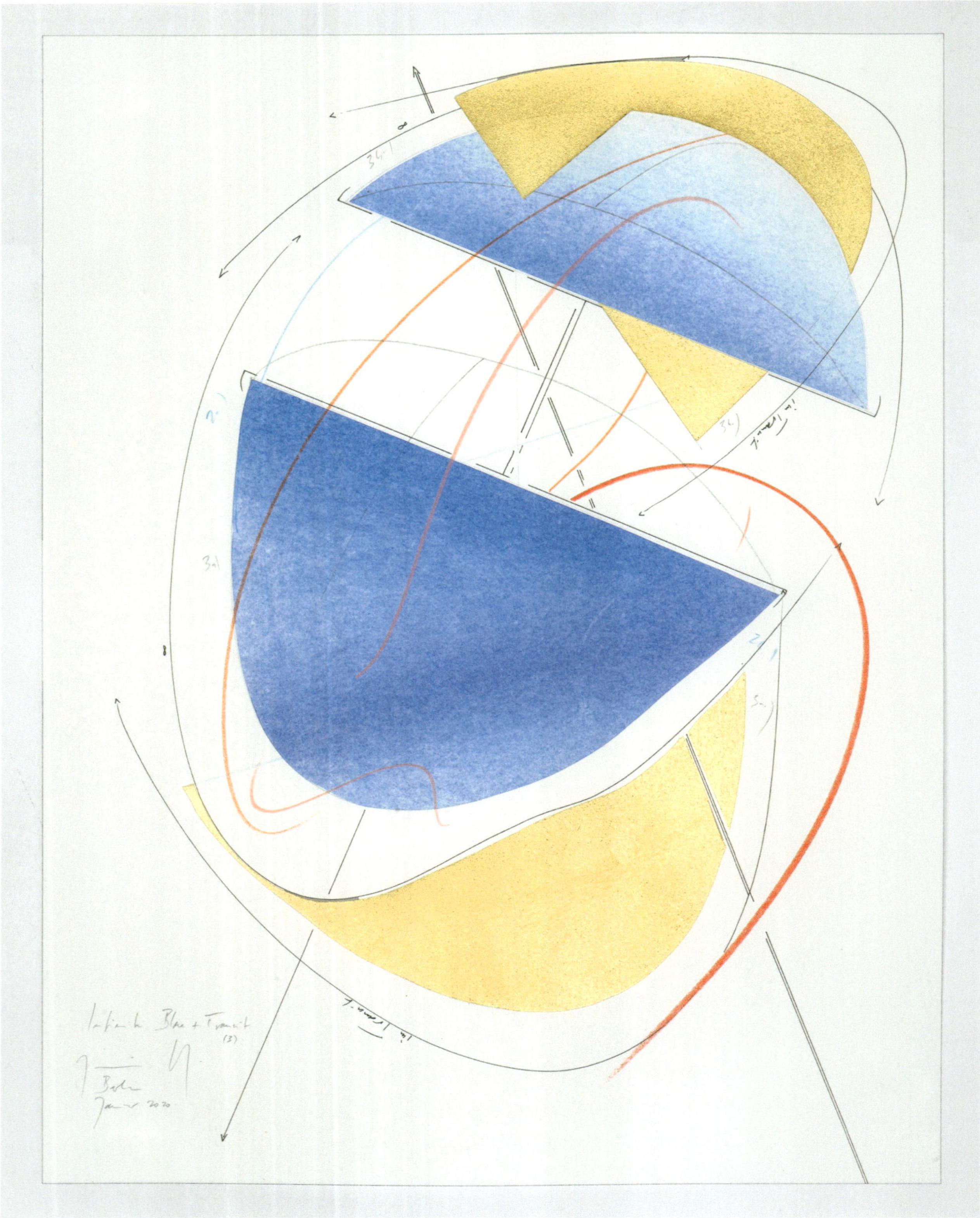

Infinite Blue + Transit (3), 2020
Kâğıt üzerine mürekkep, altın varak, pastel boya, katı yağlı boya çubuğu, kurşunkalem, özgün, imzalı | Ink, gold leaf, pastels, oil chalk, graphite on paper, unique work, signed
41 x 31 cm

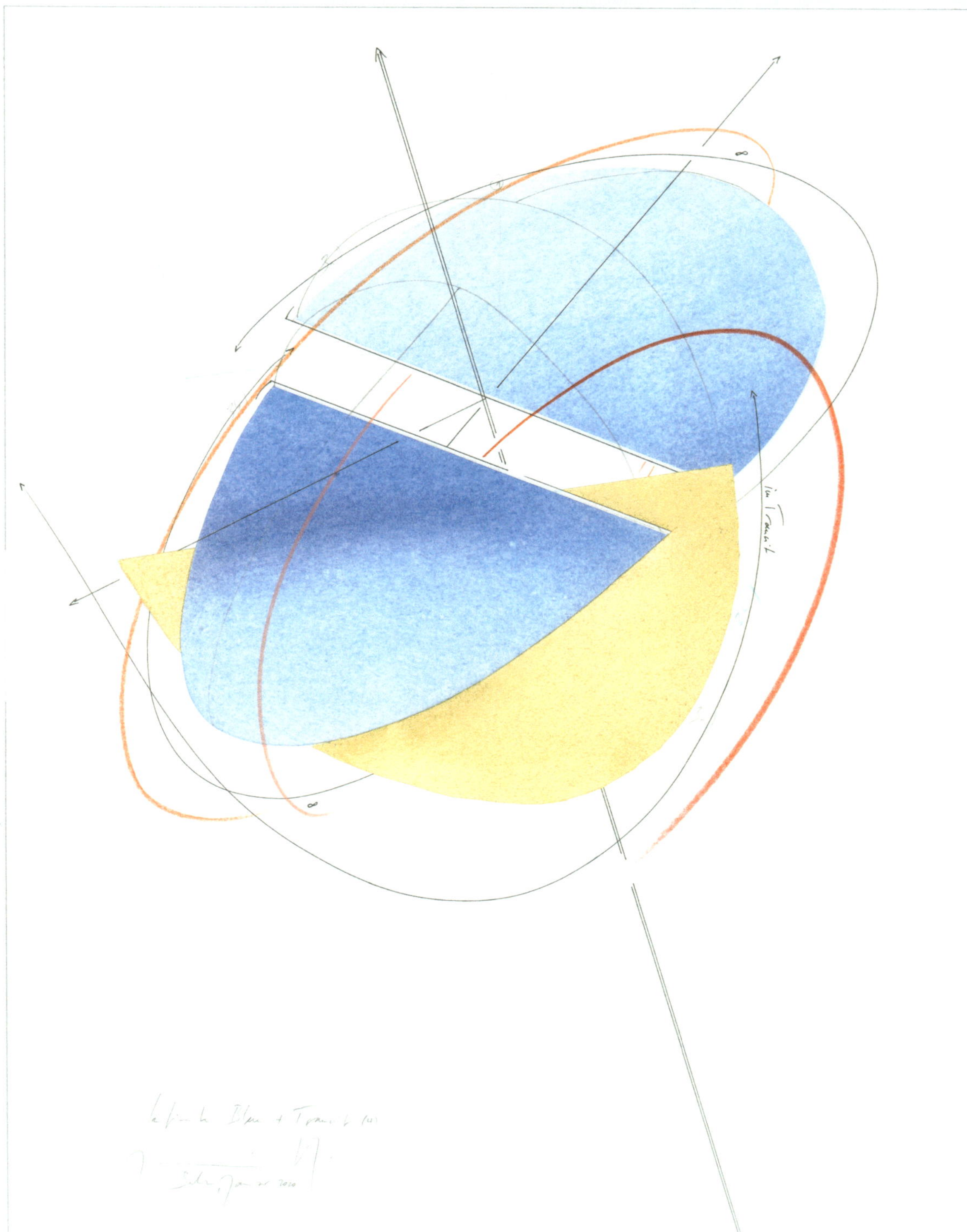

Infinite Blue + Transit (4), 2020
Kâğıt üzerine mürekkep, altın varak, pastel boya, katı yağlı boya çubuğu, kurşunkalem, özgün, imzalı | Ink, gold leaf, pastels, oil chalk, graphite on paper, unique work, signed
41 x 31 cm

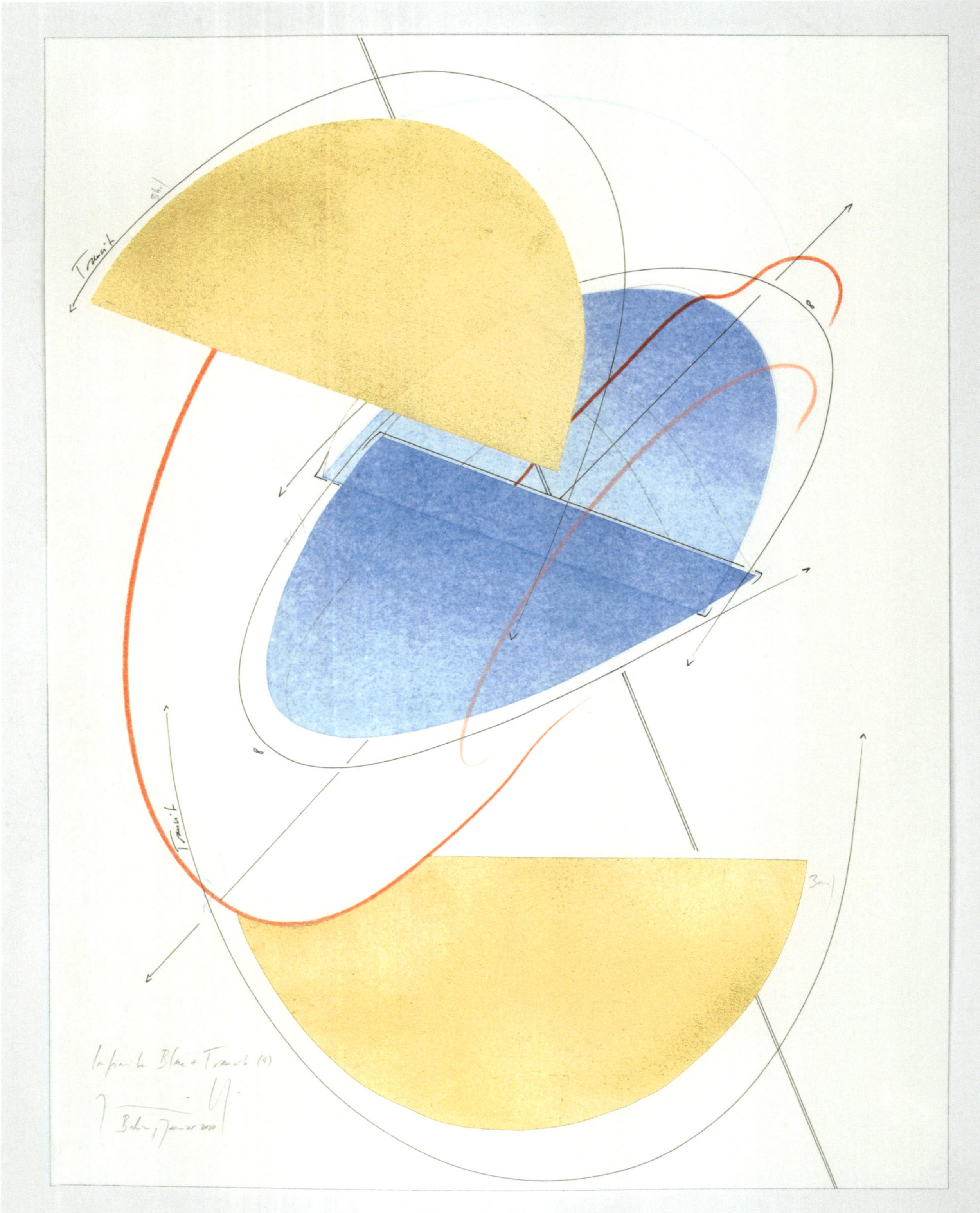

Infinite Blue + Transit (5), 2020
Kâğıt üzerine mürekkep, altın varak, pastel boya, katı yağlı boya çubuğu, kurşunkalem, özgün, imzalı | Ink, gold leaf, pastels, oil chalk, graphite on paper, unique work, signed
41 x 31 cm

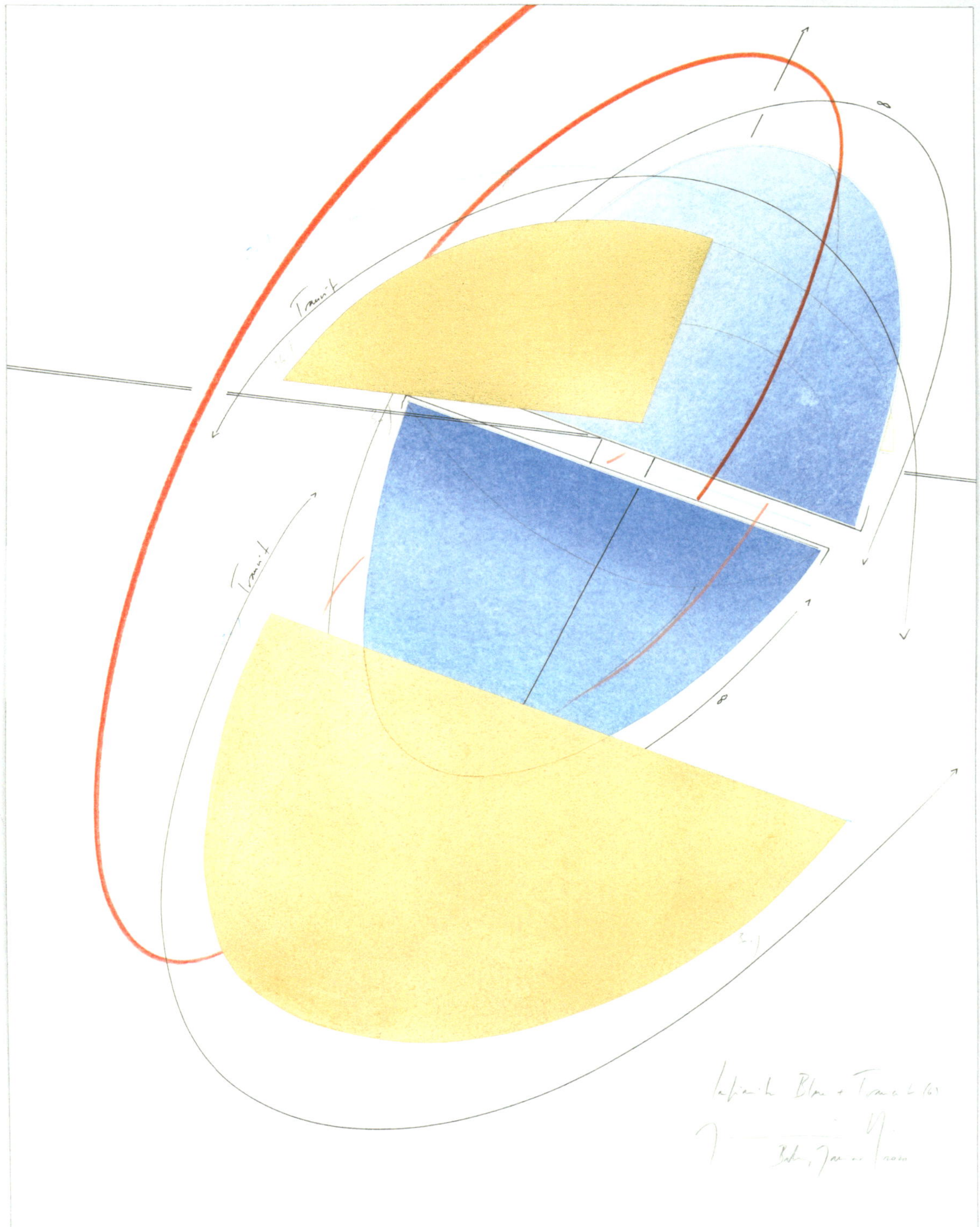

Infinite Blue + Transit (6), 2020
Kâğıt üzerine mürekkep, altın varak, pastel boya, katı yağlı boya çubuğu, kurşunkalem, özgün, imzalı | Ink, gold leaf, pastels, oil chalk, graphite on paper, unique work, signed
41 x 31 cm

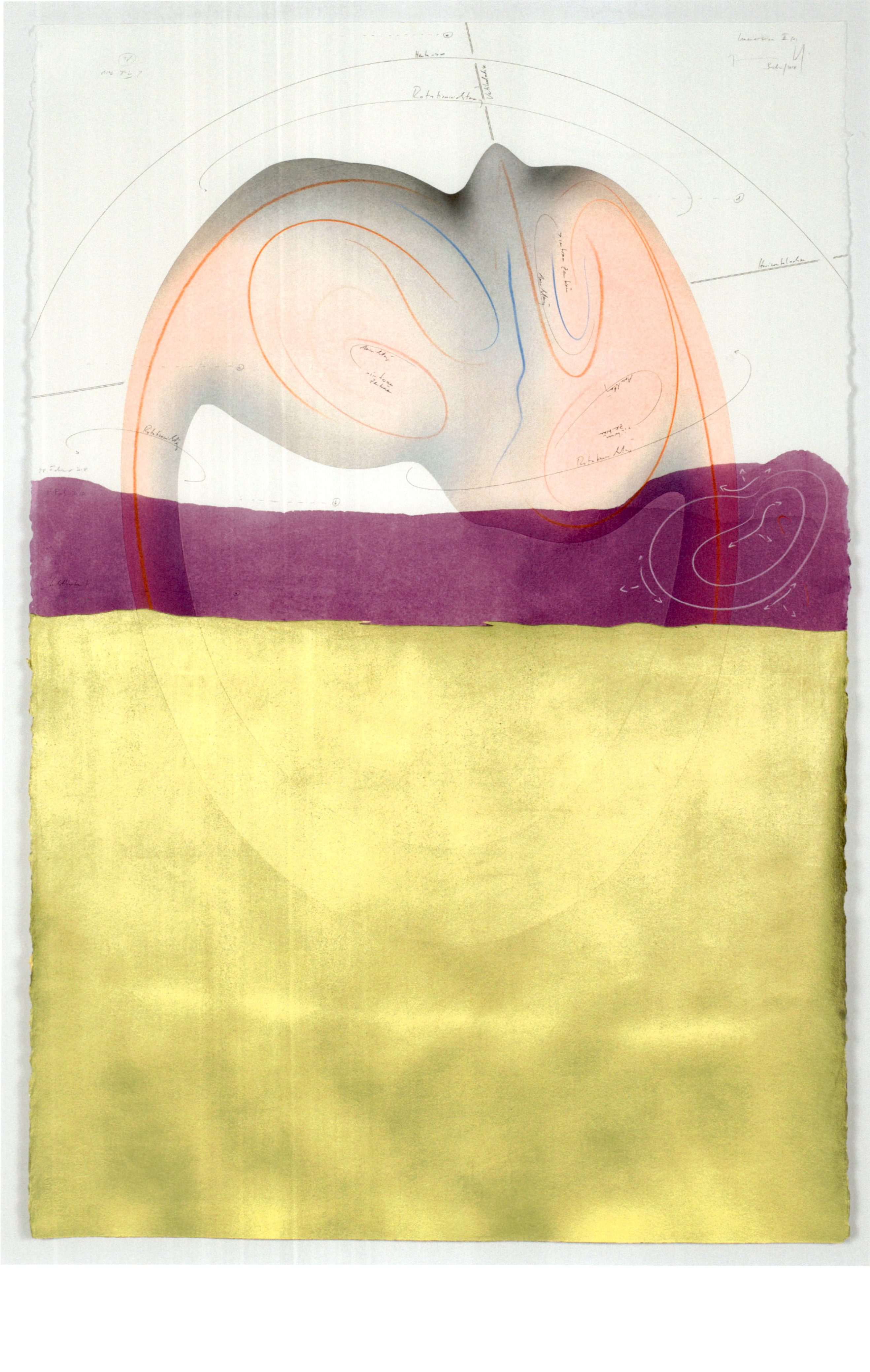

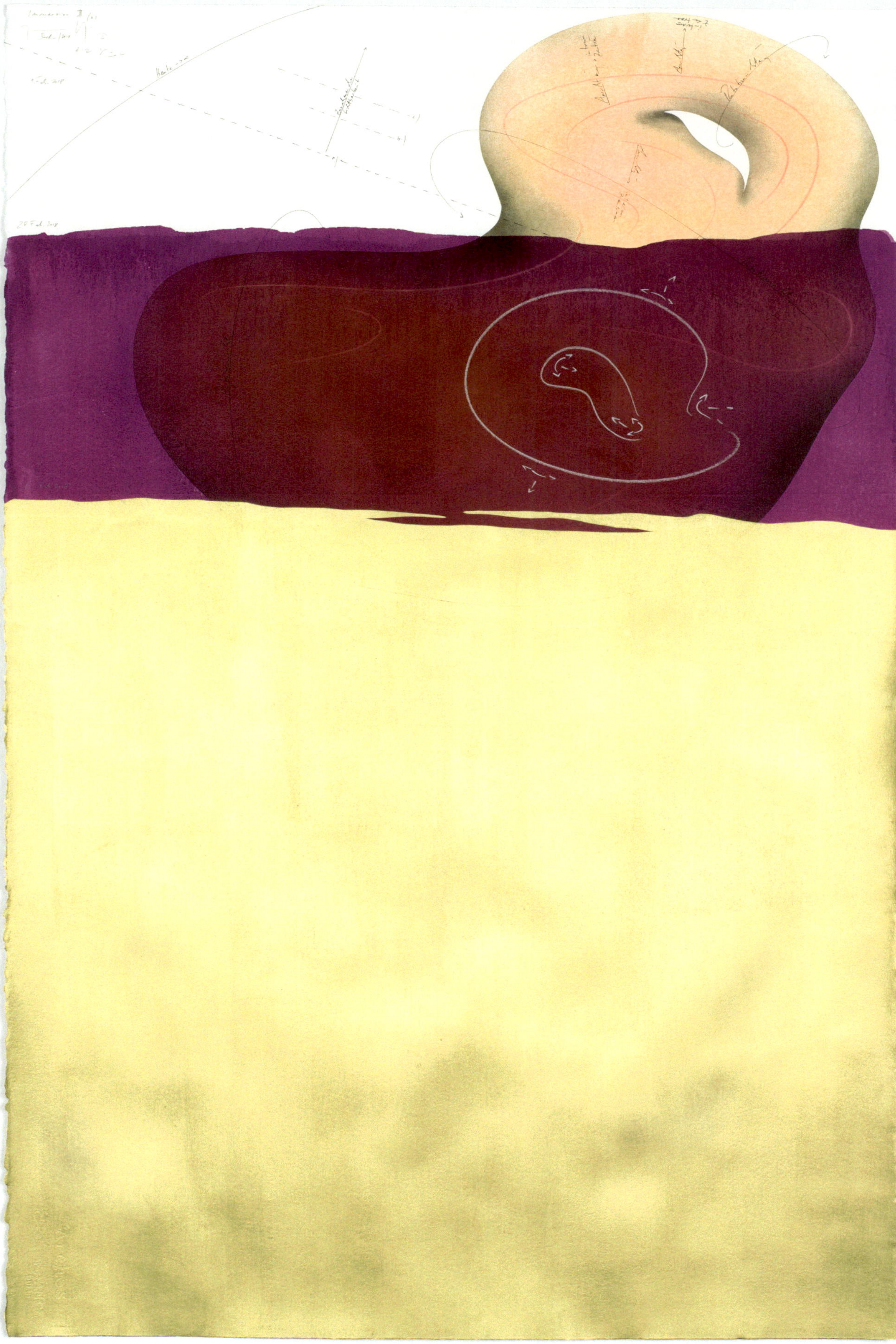

Immersion II (1), 2018 [sayfa I page 86]
Kâğıt üzerine mürekkep, çini mürekkebi, altın varak, pastel boya, katı yağlı boya çubuğu, kurşunkalem, özgün, imzalı I Ink, India ink, gold leaf, pastels, oil chalks, graphite on paper, unique piece, signed
102 x 66 cm

Immersion II (6), 2018 [sayfa I page 87]
Kâğıt üzerine mürekkep, çini mürekkebi, altın varak, pastel boya, katı yağlı boya çubuğu, kurşunkalem, özgün, imzalı I Ink, India ink, gold leaf, pastels, oil chalks, graphite on paper, unique piece, signed
102 x 66 cm

Immersion II (7), 2018
Kâğıt üzerine mürekkep, çini mürekkebi, altın varak, pastel boya, katı yağlı boya çubuğu, kurşunkalem, özgün, imzalı I Ink, India ink, gold leaf, pastels, oil chalks, graphite on paper, unique piece, signed
102 x 66 cm

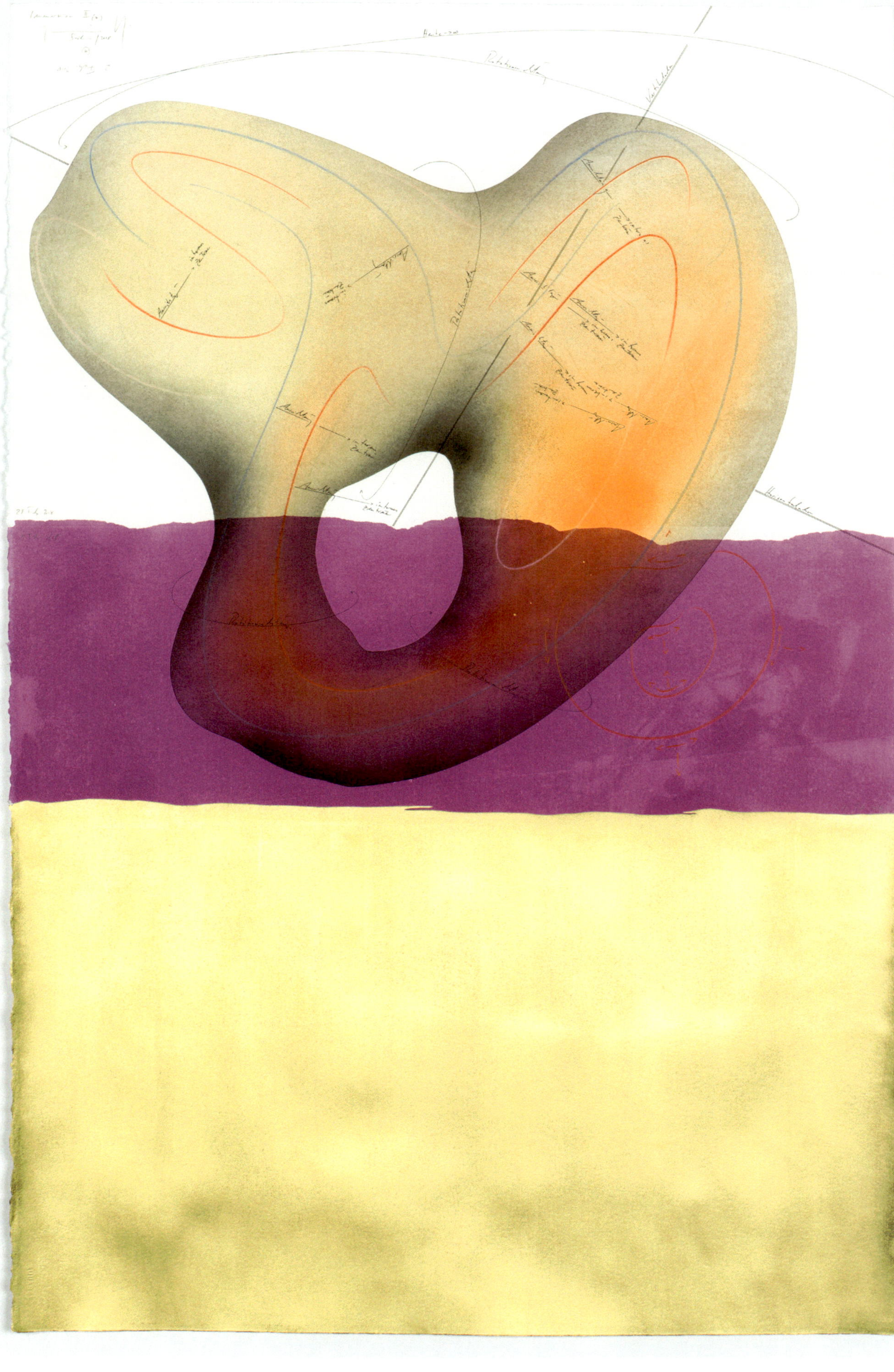

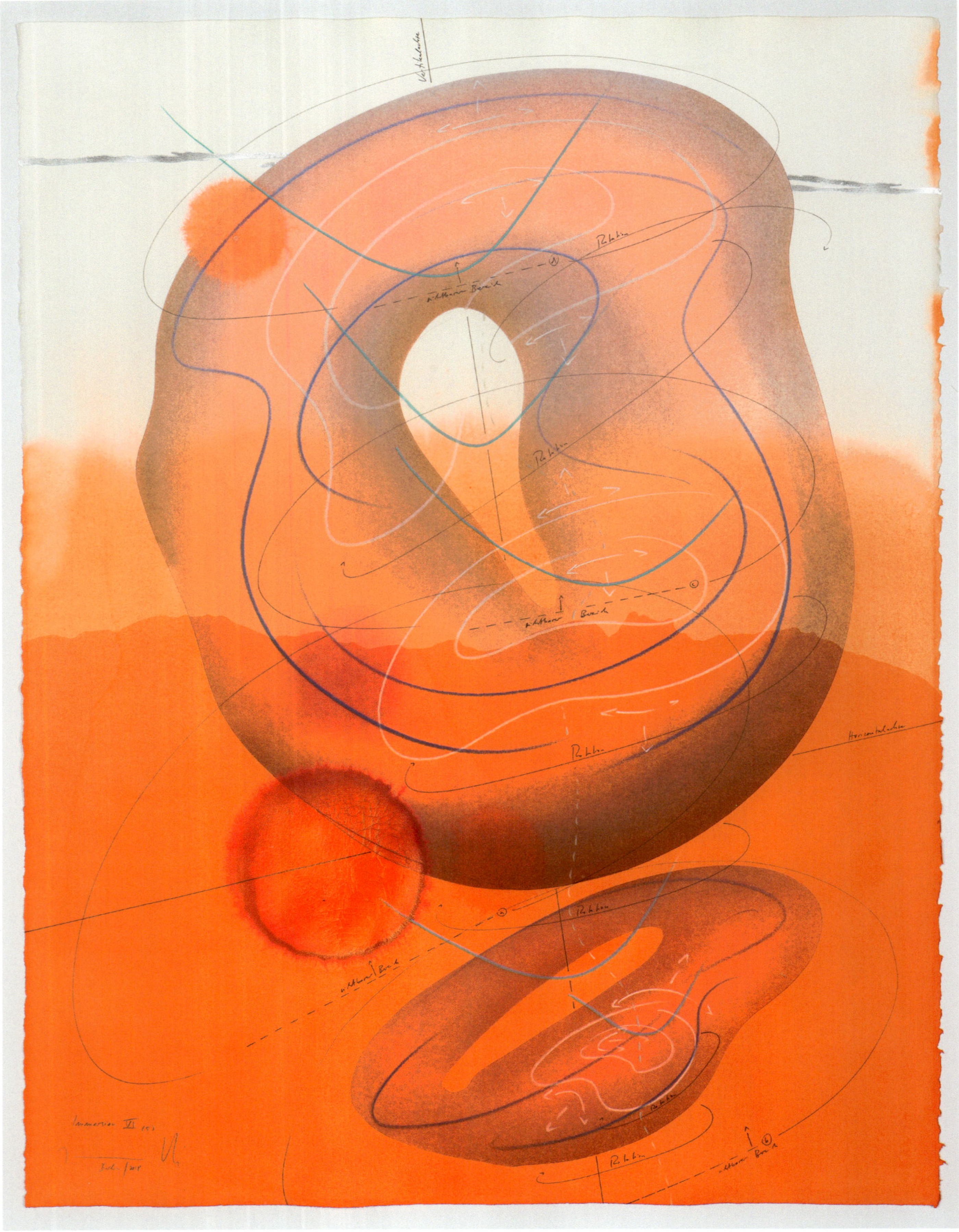

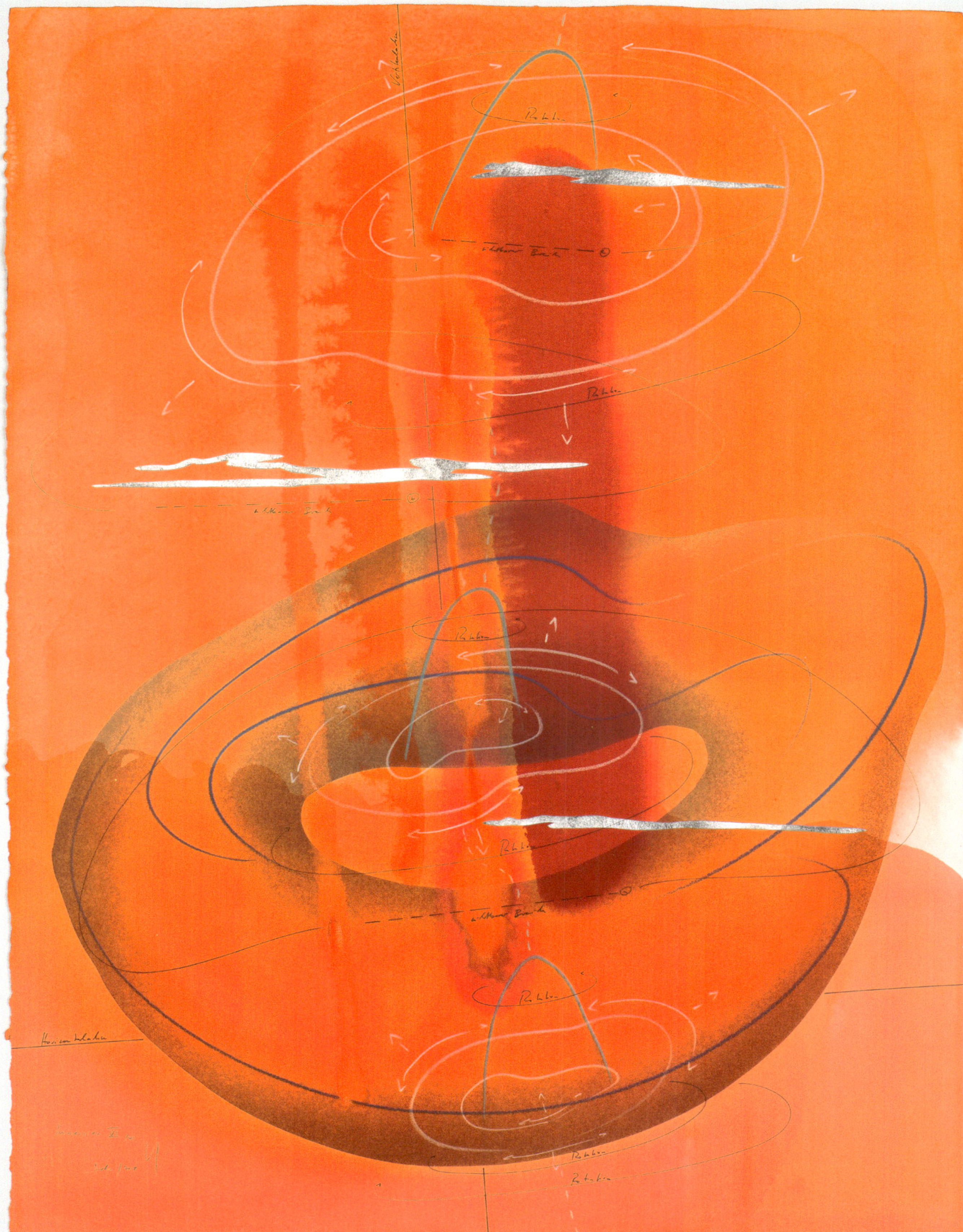

Immersion VI (5), 2018 [sayfa | page 90]
Kâğıt üzerine mürekkep, çini mürekkebi, alüminyum varak, pastel boya, katı yağlı boya çubuğu, kurşunkalem, özgün, imzalı | Ink, India ink, aluminium leaf, pastels, oil chalks, graphite on paper, unique, signed
76 x 56 cm

Immersion VI (4), 2018 [sayfa | page 91]
Kâğıt üzerine mürekkep, çini mürekkebi, alüminyum varak, pastel boya, katı yağlı boya çubuğu, kurşunkalem, özgün, imzalı | Ink, India ink, aluminium leaf, pastels, oil chalks, graphite on paper, unique, signed
76 x 56 cm

Immersion VI (8), 2018
Kâğıt üzerine mürekkep, çini mürekkebi, alüminyum varak, pastel boya, katı yağlı boya çubuğu, kurşunkalem, özgün, imzalı | Ink, India ink, aluminium leaf, pastels, oil chalks, graphite on paper, unique, signed
76 x 56 cm

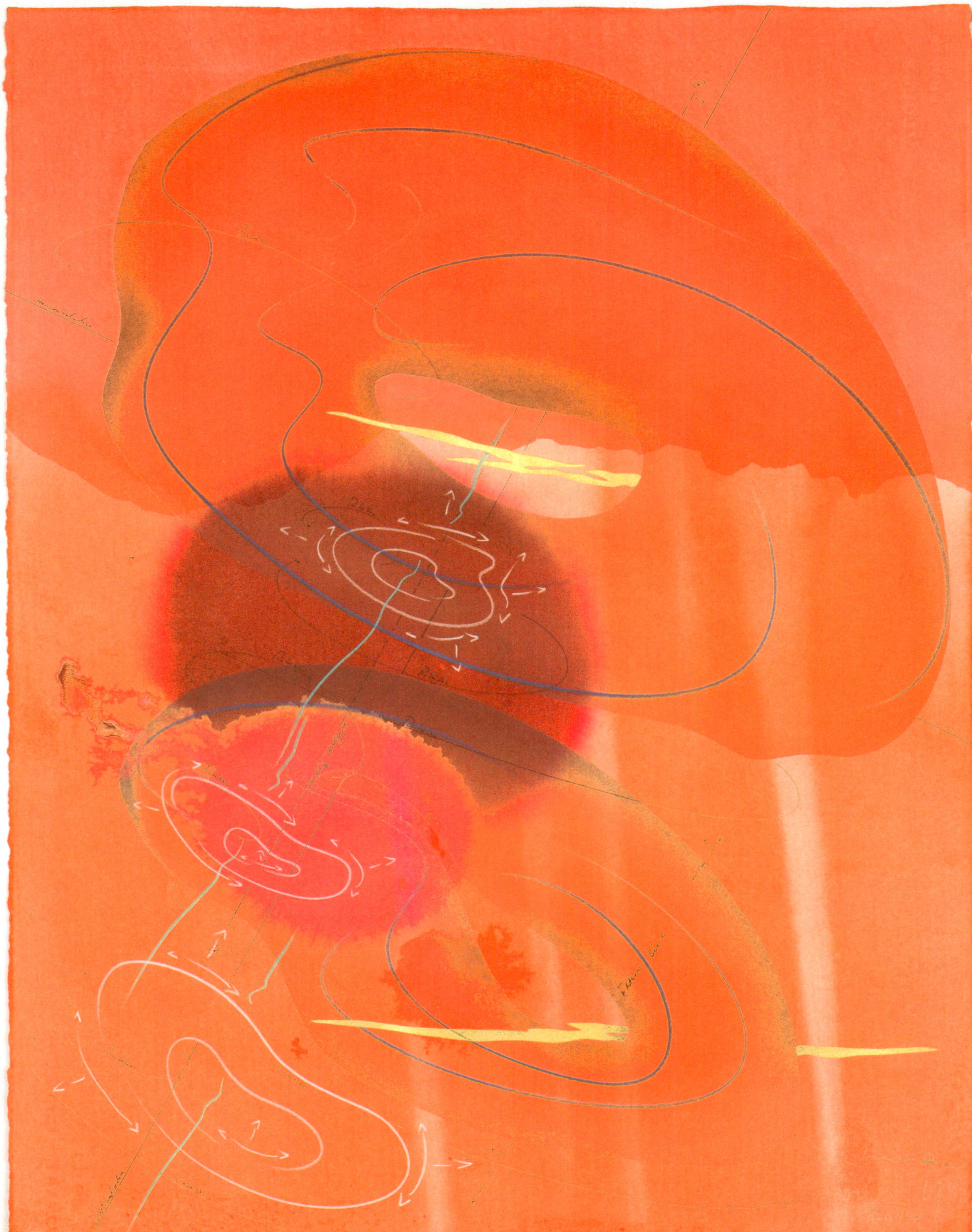

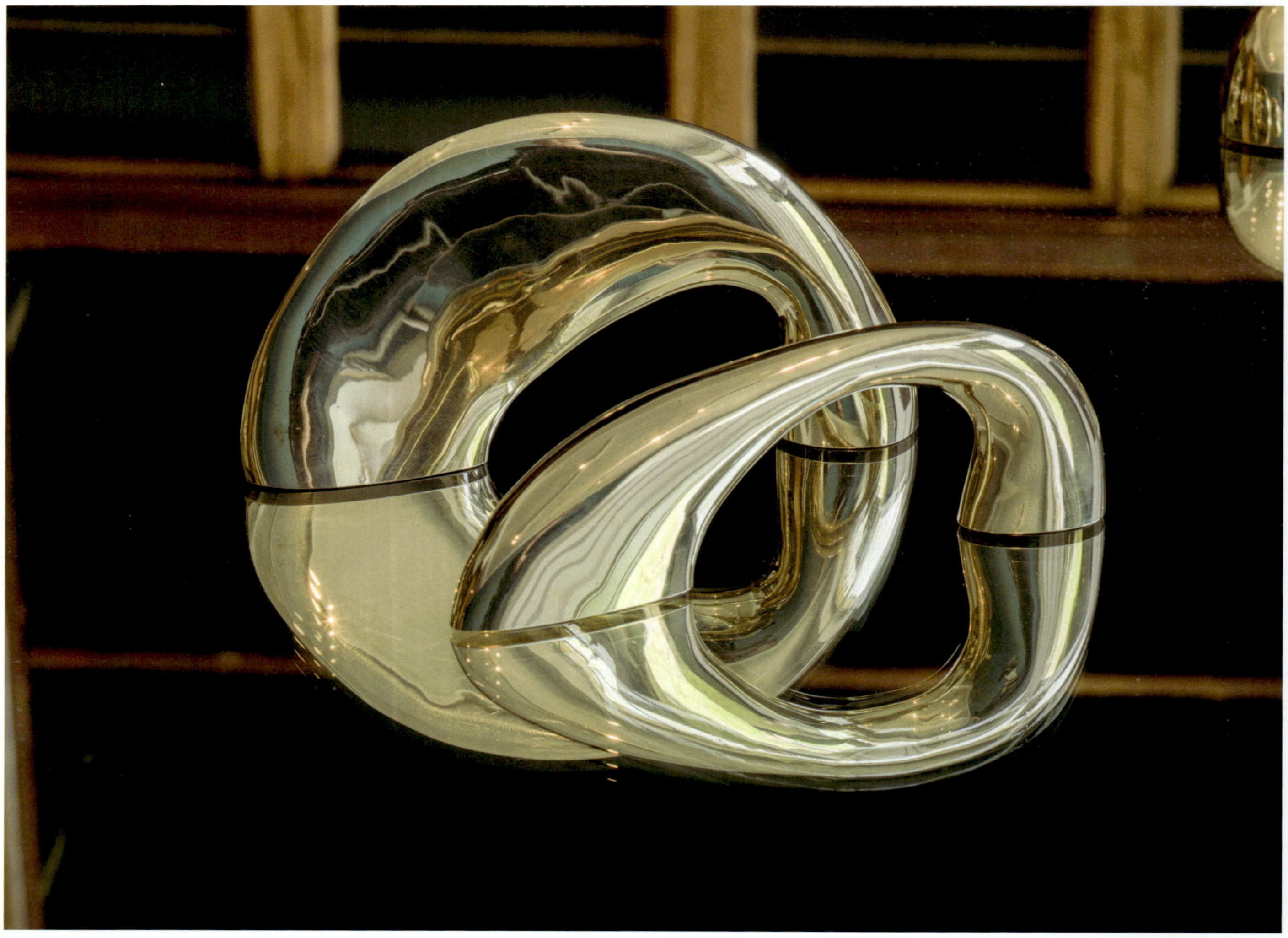

Double Infinite I, 2019
Silisyum bronz, kazınmış, cilalanmış, mumlanmış | Silicium bronze, chased, polished, waxed
2 parça, 6.5 x 19 cm ve 10 x 19 cm, 1043 ve 1479 g | 2 parts, 6.5 x 19 cm and 10 x 19 cm, 1043 and 1479 g

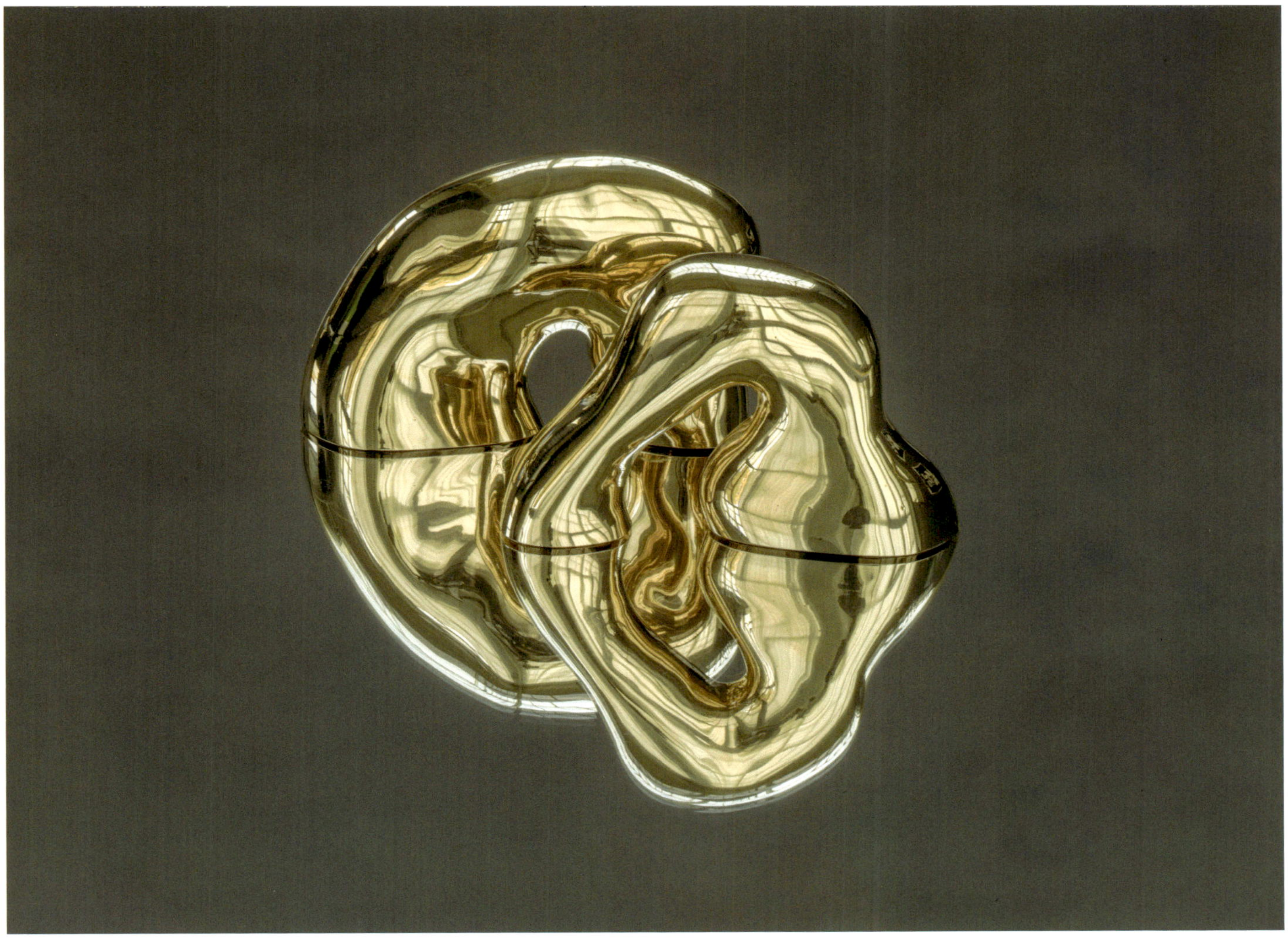

Double Infinite VI, 2019
Silisyum bronz, kazınmış, cilalanmış, mumlanmış | Silicium bronze, chased, polished, waxed
2 parça, 10 x 13 cm ve 9.5 x 13 cm, 1458 ve 2238 g | 2 parts, 10 x 13 cm and 9.5 x 13 cm, 1458 and 2238 g

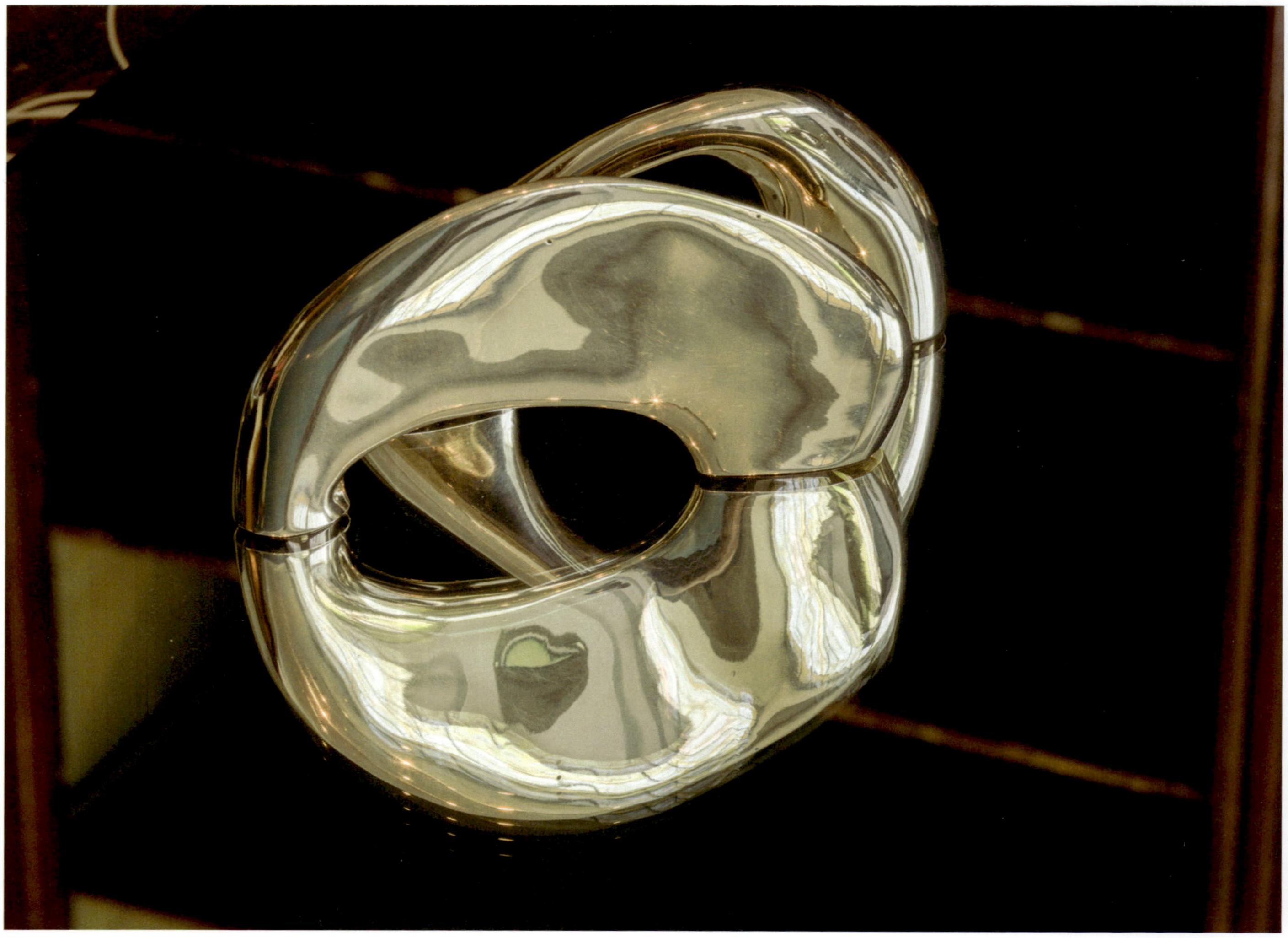

Double Infinite III, 2019
Silisyum bronz, kazınmış, cilalanmış, mumlanmış | Silicium bronze, chased, polished, waxed
2 parça 10 x 17.5 cm ve 9 x 17.5 cm, 1058 ve 1221 g | 2 parts, 10 x 17,5 cm and 9 x 17,5 cm, 1058 and 1221 g

JORINDE VOIGT

d. 1977, Frankfurt, Almanya | Germany

KİŞİSEL SERGİLER | SOLO EXHIBITIONS

2022
- *On Reality*, König London | Londra

2021
- *Trust and Rain*, David Nolan, New York
- Klosterfelde Art Collection, Hamburg
- *Potential and Coincidence*, P21, Seul | Seoul
- *Resonanz*, König Galerie, Seul | Seoul

2020
- *The State Of Play*, David Nolan, New York
- *The Real Extent*, König Galerie, Nave, Berlin

2019
- *Wall Drawing Series: Jorinde Voigt – Vertical*, Menil Drawing Institute, The Menil Collection
- Houston
- *Universal Turn*, Horst-Janssen-Musemum, Oldenburg
- *Prototypes and Multiples*, Klosterfelde Edition, Berlin
- McNamara Art Project, Hong Kong

2018
- *Immersive Integral*, Dirimart, İstanbul | Istanbul
- *Divine Territory*, Kirche St. Matthäus, Berlin
- Mao Space, Shangai / Lisson Gallery, Londra | London
- *Jorinde Voigt & Christian Jankowski – Wahlverwandtschaften/Afinidades electivas*,
- Galeria Pelaires, Palma
- *Integral*, David Nolan, New York
- *Jorinde Voig t& Alicja Kwade – Shift Matters*, Villa Schöningen, Potsdam
- *Immersion*, Lempertz, Brüksel | Brussels

2017
- *Hills and Turns*, König Galerie, Berlin
- *Both Sides Now*, Lisson Gallery, Londra | London
- *A New Kind of Joy*, Kunsthalle Nürnberg
- *Song of the Earth*, David Nolan, New York

2016
- *SCORES*, Hamburger Bahnhof – Museum Für Gegenwart, Berlin
- *Kunst wird Partitur*, Kunstraum Innsbruck
- Pavillion Kaiser-Wilhelm-Promenade, Bad Gastein
- *Radical Relaxation*, Johann König, Berlin
- *Komplexe Systeme*, Galerie E-werk, Freiburg
- *Considerations in the Now*, David Nolan Gallery, New York

2015
- *Now*, Galerie Klüser, Münih | Munich
- *Now*, The Baker Museum/Artis-Naples | Napoli
- *Now*, Kunsthalle Krems, Krems-Stein
- *Synchronicity*, The Gund Gallery, Kenyon College, Gambier
- *The Edge of Sensation*, Leopold-Hoesch Museum, Düren
- *YOU*, Grieder Contemporary, Zürih | Zurich
- *Salt, Sugar, Sex*, Lisson Gallery, Milano | Milan

2014
- *Jorinde Voigt*, Johann König, Berlin
- *Dialog 2: Jorinde Voigt & Marcela Armas*, Flex, Berlin
- *Codification of Intimacy: Works on Niklas Luhmann*, David Nolan Gallery, New York
- Galleria Marie-Laure Fleisch, Roma | Rome

2013
- *Superpassion*, MACRO Museo d'Arte Contemporanea, Roma | Rome
- *The Day Before Yesterday – The Day After Tomorrow*, Galerie Klüser,
- Münih | Munchen
- *Ludwig Van Beethoven Sonate 1-32*, Langen Foundation, Neuss
- *C.G. Jung*, Grieder Contemporary, Zürih | Zurich
- *9 Times Philosophy*, Klosterfelde, Berlin

2012
- *Jorinde Voigt: Systematic Notations* , Nevada Museum of Art NMA, Reno
- *Ludwig Van Beethoven Sonate 1-32*, Luminato Festival, Royal Ontario Museum, Toronto
- *Views on Views on Decameron*, Marie-Laure Fleisch, Roma | Rome
- *5th Drawing Prize Daniel & Florence Gerlain*, Salon Du Dessin, Paris

- *Konnex*, Lisson Gallery, Londra I London
- *Piece of Words and Views*, David Nolan Gallery, New York

2011
- *Gardens of Pleasure*, Galerie Helga Maria Klosterfelde Edition, Berlin
- *Nexus*, Galerie Klüser 2, Münih I Munich
- *1000 Views*, Regina Gallery Moscow I Moskova
- *Superdestination – Choreographed Coincidence*, Teckningmuseet, Laholm
- *Territorium*, Pécsi Galeria, Pécs
- Von der Heydt-Museum, Wuppertal

2010
- *Rosenkranz Kubus IX: Jorinde Voigt*, Museum der Bildenden Künste, Leipzig
- *Superdestination*, Galerie Christian Lethert, Köln I Cologne
- *Territorium*, Galerie Parisa Kind, Frankfurt
- *STAAT / Random I-XI*, Gemeentemuseum, Lahey I Den Haag
- *Axioma*, Galleria Marie-Laure Fleisch, Roma I Rome
- *Systema Magicum Universi*, Galerie Bernd Klüser, Münih I Munich
- Kunstverein Villa Wessel, Iserlohn

2009
- *Collective Time*, Forgotten Bar Project, Galerie im Regierungsviertel, Berlin
- Galerie Fahnemann, Berlin
- *Symphonic Area*, HDKV Heidelberger Kunstverein
- *STAAT / Random I-XI*, BHWF Byrd Hoffman Watermill Foundation, New York
- *Stochastic Storms*, Galerie Bernd Klüser, Münih I Munich

2008
- *Matrix/Lemniscate*, Galerie Christian Lethert, Köln I Cologne
- *STAAT / Random I-XI*, Galerie Fahnemann/Fahnemann Projects, Berlin
- *Terz*, Neuer Kunstverein Gießen
- *DUAL*, NKV Nassauischer Kunstverein, Wiesbaden
- *ReWrite – Constellation of One*, Galerie Fahnemann, Berlin

KARMA SERGİLER I GROUP EXHIBITIONS

2022
- *Summer Contemporaries*, Sicardi Ayers Bacino, Houston
- *Seduce me Paper*, Haus des Papiers, Berlin
- *CARE – Transformationen22*, Cohaus Kloster Schlehdorf
- *Ortswechsel*, Museum Giersch der Goethe-Universität, Frankfurt am Main
- *Polyphone. Polyphonies Visuelles et Sonores*, Musée d'Art et d'Histoire Paul Eluard, Saint Denis
- *Starkes Duo – Berliner Kunstprofessorinnen und ihre Meisterschülerinnen*, Haus Kunst Mitte, Berlin
- *In Memory of Andy Best – A Portrait of Spirits*, Bark Berlin Gallery, Berlin
- *Blanc de Blancs*, Villa Schöningen, Berlin
- *Soundwaves: Experimental Strategies in Art + Music*, Moody Center for the Arts, Rice University, Houston

2021
- *Schnee fällt hinterm Berge*, Avlskarl Gallery, Kopenhag I Copenhagen
- *The Poetry of Translation*, Kunst Meran Merano Arte, Meran
- *Dirimart Presents VIII*, Dirimart, İstanbul I Istanbul
- *Paper Positions Hamburg*, Brandshof, Hamburg
- *Polyphon*, Kunstsammlung – Orangerie&Museum für Angewandte Kunst, Gera
- *Sound and Silence*, Der Klang der Stille in der Kunst der Gegenwart, Kunstmuseum, Bonn
- *Inaugural Exhibition*, König Seoul I Seul
- *Imagining Data*, Museum of Craft and Design, San Francisco

2020
- *Shine Bright*, Michael Fuchs Galerie, Berlin
- *Sinergia*, Fundacion CALOSA, Irapuato
- *Wir heben ab! Bilder vom Fliegen von Albrecht Dürer bis Jorinde Voigt*, Kupferstichkabinett, Berlin
- *Hotel Beethoven*, BOZAR Palais des Beaux-Arts, Brüksel I Brussels
- *Boxenstopp*, Kwadrat, Berlin
- *Beethoven bewegt*, Hall Art Foundation, Schloss Derneburg
- *Szene Berlin*, Kunsthistorisches Museum Wien I Viyana
- *Leidenschaft ist unser Antrieb*, Galerie Christian Lethert, Köln I Cologne
- *Copy the Line*, Klosterfelde Edition, Berlin

- *Dirimart Presents VII: Still Life*, Dirimart, İstanbul I Istanbul
- *Guests: Artists and Craftspeople*, Istanbul Museum of Modern Art

2019

- *SZENE BERLIN Oktober 2019. König Galerie zu Gast bei Ketterer Kunst*, Ketterer Kunst, Münih I Munich
- *Weltreise. Kunst aus Deutschland unterwegs*, 2019 Exhibition Hall, Plovdiv
- *A Passion for Drawing. Die Sammlung Guerlain aus dem Centre Pompidou*, Albertina, Viyana I Vienna
- *Wall Drawing Series: Jorinde Voigt-Vertical*, Menil Drawing Institute, The Menil Collection, Houston
- *Ad Infinitum*, Dirimart, İstanbul I Istanbul
- *Numbers*, Michael Fuchs Galerie, Berlin
- *Shifts in Time*, Over The Influence, Los Angeles
- *Der Funke Gottes! Die neuen Schatz + Wunderkammern im Bamberger Diözesanmuseum*, Diözesanmuseum, Bamberg
- *UNCANNY VALUES. Artificial Intelligence & You*, Vienna Biennale for Change 2019, MAK, Viyana I Vienna
- *Dot, Point, Period. A Curated Installation by Joseph Kosuth*, Castelli Gallery. 24 W 40, New York
- *Gemalte Diagramme. Bauhaus, Kunst und Infografik*, Museum für Konkrete Kunst, Ingolstadt
- *So wie wir sind 1.0*, Weserburg Museum für moderne Kunst, Bremen
- *Psyche als Schauplatz des Politischen*, Staatliche Kunsthalle, Baden
- *Weltreise. Kunst aus Deutschland unterwegs*, Muzej savremene umetnosti, Belgrad I Belgrade

2018

- *Autofiktionen – Zeichnung der Gegenwart*, Prix de dessin Guerlain, Wilhelm-Hack-Museum, Ludwigshafen
- *Entangle*, Bildmuseet, Umeå
- *The Inverse Narrative*, Eichenmüllerhaus, Lemgo
- *Archipelago – A Problem (On Exactitude in Science)*, Tlön Projects, Lahey I The Hague
- *De Zindering van de Zee*, The Mesdag Collection, Lahey I The Hague
- *AU*, STATION Gallery, Melbourne
- *What's up – Forms of Abstraction*, 6/F Pedder Building, Hong Kong
- *Echoes from the Past*, Kerava Museum

2017

- *Berlin Now*, David Nolan Gallery, New York
- *Mondes Flottants/ Floating Worlds*, 14th Lyon Biennale
- *Weltreise. Kunst aus Deutschland unterwegs*, Paco Imperial, Rio de Janeiro
- *Deutscland 8 – German Art in Beijing*, Yuan Art Museum, Beijing
- *do you remember?*, Finnland-Institut, Berlin
- *Wir geben den Ton an. Bilder der Musik von Mantegna bis Matisse*, Kupferstichkabinett, Berlin
- *Über den Umgang mit Menchen, wenn Zuneigung im Spiel ist. Sammlung Klein*, Kunstmuseum, Stuttgart
- *Daniel & Florence Guerlain Contemporary Art Prize*, Centre Pompidou, Paris
- 13th Sharjah Biennial
- *Imaginary Frontiers*, Fondation Boghossian, Brüksel I Brussels
- *Sound goes Image – Partitur zwischen Musik und Bildender Kunst*, Horst-Janssen-Museum, Oldenburg

2016

- *Do you get what you see?*, Grieder Contemporary, Zürih I Zurich
- *Weltreise. Kunst aus Deutschland unterwegs*, Instituto Cultural Cabañas, Guadalajara
- *Wahlverwandtschaften Deutsche Kunst seit den späten 1960er Jahren*
- Latvian National Museum of Art, Riga
- *Manifesta 11: What People Do for Money: Some Joint Ventures*, Zürih I Zurich
- *Zeichnungsräume – Positionen zeitgenössischer Grafik*, Hamburger Kunsthalle, Hamburg
- *... und eine Welt noch*, Kunsthaus, Hamburg
- *LINIE, LIGNE, LINEA*, Adam Art Gallery, Victoria University, Wellington
- *Line*, curated by Drawing Room at Lisson Gallery, Londra I London

2015

- *Disegno. Zeichenkunst für das 21. Jahrhundert*, Kupferstichkabinett, Dresden
- *50 Jahre PIN. Eine Auswahl aus der Staatlichen Graphischen Sammlung*, Pinakothek der Moderne, Münih I Munich
- *Weltreise. Kunst aus Deutschland unterwegs*, Museum of Art Ein Harod
- *The Bottom Line*, Stedelijk Museum voor Actuele Kunst, Gent I Ghent
- *Drawing Redefined*, deCordova Sculpture and Museum, Lincoln, Massachusetts
- *Collaborations*, Lisson Gallery & STPI, Singapur I Singapore
- *– No Silence*, Fondazione Brivio Sforza, Villa Belgiojoso Bonaparte, Milano I Milan
- *Drawing Now*, Albertina, Viyana I Vienna
- *Weltreise. Kunst aus Deutschland unterwegs*, Busan Museum of Art
- *Walk The Line. Neue Wege der Zeichnung*, Kunstmuseum,

Wolfsburg
- *... Y El Tiempo se Hizo/ ... and there was time*, Centro de Artes Visuales, Cáceres
- *LINIE, LIGNE, LINEA*, Akademie der Künste, St. Petersburg
- *Paper is Part of the Picture*, Papiermuseum, Düren
- *Embracing Modernism: Ten Years of Drawings Acquisitions*, Morgan Library & Museum, New York
- *more Konzeption Conception now*, Museum Morsbroich, Leverkusen
- *Meisterzeichnungen – 100 Jahre Grafische Sammlung*, Kunsthaus, Zürih I Zurich
- *Artisti per Frescobaldi 2014*, Fondazione Stelline, Milano I Milan

2014
- *Weltreise. Kunst aus Deutschland unterwegs*, Krasnoyarsk Museum Center, Krasnoyarsk
- *Netz – Vom Spinnen in der Kunst*, Kunsthalle zu Kiel
- *Clear*, Gagosian Gallery, Beverly Hills
- *LINIE, LIGNE, LINEA*, Museu de Arte Leopoldo Gotuzzo, Pelotas
- *LifeLoggers: Chronicling the Everyday*, Elmhurst Art Museum
- *Weltreise. Kunst aus Deutschland unterwegs*, Moscow Museum of Modern Art, Moskova

2013
- *My Brain is in My Inkstand: Crafting Thoughts on Paper*, Cranbrook Art Museum, Bloomfield Hills
- *Weltreise. Kunst aus Deutschland unterwegs*, ZKM Museum für Neue Kunst, Karlsruhe
- *Donation Florence et Daniel Guerlain*, Centre Pompidou, Paris
- *LINIE, LIGNE, LINEA*, Museo de Arte del Banco de la República, Bogota
- *Pataphysics*, Sean Kelly Gallery, New York
- *Propos d'Europe 11: La Plasticité du langage*, Foundation Hippocrene, Paris
- *Berlin Klondyke*, Hipp Halle, Gmunden
- *Gekauft. Neuerwerbungen der Graphischen Sammlung 2003-2013*, Museum der bildenden, Künste, Leipzig
- *The Infinity Show*, Contemporary Art Northhampton
- *LINIE, LIGNE, LINEA*, Museo Nacional de Arte, La Paz
- *Dépaysement systématique*, Jean Fournier Gallery/Nouvelles Vagues Program, Paris
- *Prix Canson 2013*, Petit Palais, Paris
- *Visionen. Atmosphären der Veränderung*, Museums Marta Herford
- *Play – The Frivolous and The Serious*, me Collectors Room/ Olbricht Foundation, Berlin
- *Berlin Klondyke*, Leipziger Baumwollspinnerei, Leipzig
- *All Black*, Gallery Joe, Philadelphia
- *EHF 2010 – Benefit Trustee-Programm*, Konrad-Adenauer-Stiftung, Berlin
- *The Distaff Side, Collection Melva Bucksbaum & Raymond Learsy*, The Granary, Sharon
- *Prix Canson 2013*, Art Paris
- *System und Sinnlichkeit. Die Sammlung Schering Stiftung*, Kupferstichkabinett, Berlin
- *Turbulences II*, Villa Empain/ Fondation Boghossian, Brüksel I Brussels
- *LINIE, LIGNE, LINEA*, Centro de Arte Contemporaneo de Quito, Quito
- *Drawing a Universe*, KAI 10, Düsseldorf
- *Observer Effect*, Gallery 400, University of Illinois at Chicago

2012
- *Schaubilder*, Bielefelder Kunstverein
- *Migration Melbourne*, Arndt Australia, Ormond Hall, Royal Victorian Institute, Melbourne
- *R/Evolution auf Papier – Die Sammlung Klüser*, Alte Pinakothek, Münih I Munich
- *Fruits de la passion – Projet pour L'Art Contemporain*, Centre Pompidou, Paris
- *Kunstpreis der Böttcherstraße*, Kunsthalle, Bremen
- *Intersections – Science in Contemporary Art*, Weizmann Institute of Science, Rehovot
- *A Battle for Narrative*, Bonnefantenmuseum 'Buitenshuis', Maastricht
- *Internationaler Faber Castell-Preis Zeichnung*, Neues Museum, Nürnberg
- 3rd Moscow International Biennale for Young Art, Moskova I Moscow
- *Re/pro/ducing Complexity*, Städtische Galerie Villa Zanders, Bergisch Gladbach
- *Turbulences*, Espace Culturel Louis Vuitton, Paris
- *Made in Germany 2*, Sprengel Museum/ Kestnergesellschaft/ Kunstverein, Hannover
- *A House Full of Music – Strategien in Musik und Kunst*, Mathildenhöhe, Darmstadt
- *Editions!*, Grieder Contemporary, Zürih I Zurich
- *Berlin.Status (1)*, Künstlerhaus Bethanien, Berlin
- *LINIE, LIGNE, LINEA*, Centro Cultural Caja Real de Universidad Autonoma, San Luis Potosi
- *Prism Drawing from 1990 to 2012*, Museum of Contemporary Art, Oslo
- *Nachtliches Konzert – Jorinde Voigt & Gregor Hildebrandt*, Museum Van Bommel van Dam, Venlo
- *Berlin zeichnet*, Stadtgalerie Kiel
- *Behind the Light*, Galerie Pedro Cera, Lizbon I Lisbon
- *Drawing Space*, AA School of Architecture London at the Architectural Association, Londra I London

2011

- *Berlin Klondyke*, Art Center Los Angeles, Los Angeles
- *Am Ende war das Wort*, Ursula Blickle Stiftung, Kraichtal
- *LINIE, LIGNE, LINEA*, Instituto Cultural Cabanas, Guadalajara
- *Re/pro/ducing Complexity*, Museum Dhondt Dhaenens, Deurle
- *Zeichnen/ Bezeichnen*, Palais Thurn und Taxis, Bregenz
- *Baumann & Fuchs*, Anton von Werner Haus, Berlin
- *Ornamental Structures*, Stadtgalerie Saarbrücken
- *Berlin Klondyke 2011*, Odd Gallery, Dawson City, Yukon
- *Summer of Paper*, Leopold-Hoesch-Museum&Papiermuseum Düren
- *Everything Must Go*, Casey Kaplan Gallery, New York
- *Playtime*, LAC Sigean, Lieu d'Art Contemporain, Sigean
- *Art/Système/Poésie*, In Situ/ Fabienne Leclerc, Paris
- *Werden. Vom Expressionismus zur Neuen Sachlichkeit*, Kunstsammlung Gera
- *Berlin zeichnet*, Versicherungskammer Bayern, Münih I Munich
- *Illuminations*, 54th International Art Exhibition – La Biennale di Venezia, Palazzo Papadopoli
- Venedik I Venice
- *LINIE, LIGNE, LINEA*, Museo Nacional de Artes Visuales, Montevideo
- *Deutsche Aids – Stiftung*, Bundeskunsthalle, Bonn
- *The Curators Battle I*, Grimmuseum, Berlin
- *Transnatural*, TrouwAmsterdam, Amsterdam
- *gehen blühen fließen – Naturverhaltnisse in der Kunst*, Stadtgalerie, Kiel
- *Arte Fiera: Museo Archelogico*, Museo Archelogico, Bologna
- *Alles, was Sie über Chemie wissen müssen*, Kunstquartier Bethanien, Berlin

2010

- *Berlin zeichnet*, Kunsthalle Dominikanerkirche, Osnabrück
- *iD – Indonesian Contemporary*, Kunstraum Kreuzberg/ Bethanien, Berlin
- *Abstrakt*, The Forgotten Bar, Berlin
- *Farbe in der zeitgennössischen Kunst*, Neuer Kunstverein Giessen
- *abstrakt Abstrakt – die systematisierte Welt*, Frankfurter Kunstverein
- *Future Generation Art Prize 2010* – Pinchuk Art Center, Kiev I Kyiv
- *Welt & System*, Stadtische Galerie, Dresden
- *Berlin zeichnet*, Ludwig Museum im Deutschherrenhaus, Koblenz
- *Je mehr ich zeichne – Zeichnung als Weltenwurf*, Museum für Gegenwartkunst, Siegen
- *Optical Shift, Illusion, Tauschung*, b-05, Montabaur-Horressen
- *Hypernatural*, KUNST Magazin, Werkstatt hinter dem Hamburger Bahnhof, Hamburg
- *Emporte-moi/ Sweep me off my feet*, MAC/VAL Musée d'art contemporain, Val-de-Marne
- *LINIE, LIGNE, LINEA. Zeichnung der Gegenwart*, Kunstmuseum, Bonn
- *Groupshow*, Galerie Christian Lethert, Köln I Cologne
- *Dopplereffekt. Bilder in Kunst und Wissenschaft*, Kunsthalle zu Kiel
- *Vorgestellt. Neuerwerbungen, Schenkungen un Sammlungserweiterungen*, Kunstsammlung, Gera

2009

- *Emporte-moi/ Sweep me off my feet*, Musée national des beaux-arts du Québec
- *Soundtrack*, Bet Meirov Art Gallery, Holon
- *genau.- mathematische Strategien und künstlerische Prozesse*, Künstlerhaus, Dortmund
- *Interplay*, Bury St Edmunds Art Gallery, Suffolk
- *Lemniscate/ ∞*, Patric Catani, Chris Imler and Jorinde Voigt, NGBK, Berlin
- *Selected Artists*, Neue Gesellschaft für Bildende Kunst (NGBK), Berlin

2008

- *Der Autorität*, Kunstverein, Arnberg
- *Schunk Collectors House Herleen – The Take-off*, Glaspaleis, Herleen
- *Andreas Tellefsen, Jorinde Voigt, Ralf Ziervogel*, Künstlerhaus Bethanien, Berlin
- *Blick nach Vorn. Ankäufe der Sammlung Zeitgenössischer Kunst der Bundesrepublik Deutschland 1998-2008*, Martin-Gropius Bau, Berlin
- *Otto-Dix-Preis / Ausstellung und Preisverleihung*, Kunstsammlung, Gera
- *Re/pro/ducing Complexity*, Montana State University, Bozeman
- *Förderpreis Junge Kunst 2008 Saar Ferngas*, Museum Pfalzgalerie, Kaiserslautern
- *EHF 2010*, Konrad Adenauer Stiftung, Berlin
- *Zeichnung als Prozess*, Museum Folkwang, Münih I Munich
- *I bought the Brooklyn Bridge*, Kulturforum Potsdamer Platz, Kupferstichkabinett, Berlin

2007

- *Bird Watching*, De Vishal, Harleem
- *Neue Heimat*, Berlinische Galerie – Landesmuseum für müderne Kunst, Berlin

KOLEKSİYONLAR I COLLECTIONS

- Kunsthalle Praha Collection, Prag I Prague
- Menil Collection, Houston
- Instanbul Museum of Modern Art
- Museum of Contemporary Art, Oslo
- Centre Pompidou – Musee National d'Art Moderne, Paris
- MoMA – Museum of Modern Art, New York
- Morgan Library Art Museum, New York
- Leal Rios Foundation, Lizbon I Lisbon
- Bundeskunstsammlung, Bonn
- Kunstsammlung des Europaischen Patentamts, Berlin
- Kunstsammlung, Gera
- Collection Hoffmann, Berlin
- Collection Institute for Foreign Cultural Relations, IFA, Stuttgart
- Staatliche Museen zu Berlin – Kupferstichkabinett, Berlin
- Landesmuseum Sachsen-Anhalt, Halle
- Kunstmuseum Stuttgart
- Collection Schering Stiftung, Berlin
- Collection Kunsthaus, Zürih I Zurich
- Sammlung Landesbank Hessen und Thüringen, Dependance Paris
- Sammlung Deutsche Bundesbank, Frankfurt am Main
- Freunde der Pinakothek der Moderne e.V., Münih I Munich
- Graphische Sammlung München
- Collection Florence & Daniel Guerlain, Paris
- Sammlung Von der Heydt Museum, Wuppertal
- Collection of the Art Institute of Chicago
- Sammlung der Hamburger Kunsthalle, Hamburg

Bu katalog Dirimart tarafından 6–25 Eylül 2022 tarihleri arasında gerçekleştirilen Jorinde Voigt'un *Infinite Rhythm* sergisine istinaden yayınlanmıştır.

This catalogue has been publised by Dirimart for the exhibition *Infinite Rhythm* by Jorinde Voigt held in September 6–25, 2022.

Metin | Text
Jesi Khadivi, Canan Erbil

Çeviri | Translation
Vanina Kutelas, Çiçek Öztek

Fotoğraflar | Photography
Nazlı Erdemirel, Amanda Holmes

Tasarım | Design
Atelier Neşe Nogay, Alef Editorial Design

Düzelti | Proofreading
Çiçek Öztek, Matt Hanson

Baskı | Printing
MAS Matbaacılık San. ve Tic. A.Ş.
Hamidiye Mah. Soğuksu Cad. no.3 Kağıthane 34408 İstanbul
T: + 90 212 294 1000 | kitap@masmat.com.tr
Sertifika № 44686

Yayıncı | Publisher
DİRİMART
Hacıahmet Mah. Irmak Cad. 1-9
Dolapdere 34440 İstanbul
T: + 90 212 232 6666 | dirimart.com
Sertifika № 52660

978-605-5815-58-5

DIRIMART